Equipados para discipular: Guía completa para el crecimiento cristiano

EQUIPADOS
— PARA —
DISCIPULAR

Guía Completa para el Discipulado Cristiano

Dr. Frank S. Archbold, Th.D, Ph.D

Equipados para discipular: Guía completa para el crecimiento cristiano

Equipados para Discipular: Una Guía Completa para el Crecimiento Cristiano

NOTA DOCTRINAL

Las enseñanzas contenidas en esta obra están fundamentadas en las Santas Escrituras y reflejan las convicciones teológicas y pastorales del autor. Se presentan con el propósito de edificar a la Iglesia Cristiana y cumplir la Gran Comisión.

CITAS BÍBLICAS

Salvo que se indique lo contrario, las citas bíblicas utilizadas en esta obra provienen de la Santa Biblia, Versión Reina-Valera 1960 (RVR1960). Dominio público.

INFORMACIÓN DE PUBLICACIÓN

Publicado por: F. S. Archbold Publishing LLC
Edición: Primera Edición Revisada y Ampliada
Idioma: Español
Año de publicación: 2026

DESCARGO DE RESPONSABILIDAD

Esta obra no tiene la intención de sustituir la enseñanza pastoral, la consejería personal ni la supervisión espiritual de una iglesia local. Se exhorta a los lectores a aplicar los principios bíblicos aquí presentados bajo la guía del Espíritu Santo y en comunión con líderes espiritualmente maduros.

Impreso en los Estados Unidos de América

ISBN: 978-1-971265-06-3

TABLA DE CONTENIDO

PARTE V — EMPODERADOS PARA LA MISIÓN (Impacto)

DEDICATORIA

Este libro está dedicado, en primer lugar y por encima de todo, **al Espíritu Santo**—Autor de toda verdad, fuente de inspiración divina y Guía fiel en mi caminar cristiano y ministerio. Sin Su dirección, gracia y revelación, esta obra no habría sido posible.

Lo dedico con profundo amor a mi esposa, **Suzzette Archbold**, mi fiel compañera de vida y ministerio, cuyo apoyo constante, oración y devoción han sido un pilar fundamental en el llamamiento que Dios me ha confiado. Asimismo, lo dedico a nuestros hijos—**Fransheska, Abigail, Frank Jr. y Jonathan**—por su amor, paciencia y por ser una continua bendición en mi vida.

Además, dedico este libro a la Iglesia cristiana en todas las naciones, a pastores, líderes, maestros y discípulos comprometidos con la fiel enseñanza de la Palabra de Dios y con la formación de creyentes firmes, maduros y responsables.

Que esta obra sirva como instrumento para edificar a la Iglesia, fortalecer la fe, formar verdaderos discípulos y cumplir fielmente la Gran Comisión, para honra y gloria de Dios.

ACERCA DEL AUTOR

El Dr. **Frank S. Archbold, Th.D., Ph.D.**, es pastor, obispo, teólogo, consejero cristiano y autor, con una amplia trayectoria ministerial y académica al servicio de la Iglesia cristiana. Nació el **23 de abril de 1961** en la provincia de **Bocas del Toro**, República de Panamá. A la edad de doce años aceptó a Jesucristo como Salvador personal en la **Iglesia Bautista Jordán**, bajo el liderazgo pastoral de su padre—una experiencia que marcó decisivamente su llamamiento al ministerio cristiano y a un servicio de por vida al Evangelio.

En 1983 emigró a los Estados Unidos en respuesta al mandato bíblico de la Gran Comisión, dedicándose a predicar el Evangelio, formar discípulos y fortalecer la Iglesia. Fue ordenado como evangelista y, en 1984, como ministro de la Palabra y de la música. A través de estos años sirvió fielmente en diversas funciones ministeriales, incluyendo enseñanza bíblica, predicación, formación cristiana, liderazgo de adoración y supervisión congregacional.

En 1986 fundó **Covenant Keepers Ministries (Ministerio Guardadores del Pacto)**, una obra comprometida con el discipulado, la formación espiritual y el avance del Reino. En 1995 fue ordenado al oficio de **Obispo**, ampliando su liderazgo y supervisión dentro del Cuerpo de Cristo.

Su ministerio se ha extendido a esferas pastorales, educativas y sociales. Ha servido como coordinador de centros de rehabilitación para la **Alianza Evangélica de Panamá** y como director nacional de dos centros de rehabilitación de drogas en la República de Panamá, contribuyendo a la restauración, consejería y cuidado cristiano integral.

Actualmente sirve en las siguientes funciones:

- Pastor de **la Iglesia Bautista del Calvario**
- Obispo y Supervisor del **Ministerio Guardadores del Pacto**
- Presidente del Consejo Pastoral de la **Asociación Bautista Central de Panamá**
- Oficial Internacional de Capellanía (**ACCASH**)
- Presidente de la **Alianza Evangélica de Panamá – USA**
- Miembro del **Comité Ecuménico de Panamá**

Ha ministrado internacionalmente, realizando una labor sostenida en predicación, enseñanza bíblica, consejería pastoral, capacitación de líderes y discipulado cristiano. Su ministerio integra una sólida base bíblica y teológica con profunda sensibilidad pastoral, enfatizando la formación espiritual, la santidad de vida y el compromiso fiel con la misión de la Iglesia.

En lo personal, ha estado casado por más de cuarenta años con su esposa, Suzzette Archbold, con quien comparte la vida familiar y el llamamiento ministerial. Es padre de cuatro hijos y abuelo de cinco nietos. Cree firmemente que la familia es un pilar central del testimonio cristiano y esencial para la salud espiritual de la Iglesia.

La vida y el ministerio del Dr. Frank S. Archbold reflejan un compromiso inquebrantable con la fidelidad bíblica, la excelencia académica y el cuidado pastoral—dedicado a formar discípulos maduros y a extender el Reino de Dios entre las naciones.

INTRODUCCIÓN

EQUIPADOS PARA DISCIPULAR
Una Guía Completa para el Crecimiento Cristiano

La vida cristiana comienza con un encuentro personal con Jesucristo—pero no termina allí. Nacer de nuevo es el inicio de una jornada de transformación, crecimiento, obediencia y compromiso que la Escritura llama **discipulado**. Jesús no llamó solamente a creer en Él, sino a seguirle, aprender de Él y vivir conforme a Sus enseñanzas.

Este libro nació de una profunda carga pastoral de ver creyentes firmes en la fe, maduros en carácter y activamente comprometidos con la misión del Reino de Dios. En un mundo marcado por confusión espiritual, fundamentos débiles y un declive del compromiso cristiano, es más necesario que nunca volver a los fundamentos claros y bíblicos del discipulado.

El mandato de Jesús a la Iglesia permanece inalterable:

"Por tanto, id, y haced discípulos a todas las naciones, bautizándolos en el nombre del Padre, y del Hijo, y del Espíritu Santo; enseñándoles que guarden todas las cosas que os he mandado; y he aquí yo estoy con vosotros todos los días, hasta el fin del mundo. Amén." — Mateo 28:19–20 (RVR1960)

El discipulado es el método de Dios para preservar la verdad, formar carácter semejante a Cristo y avanzar Su Reino de una generación a otra.

INTRODUCCIÓN A LA SERIE

EQUIPADOS PARA DISCIPULAR

Una fe. Un marco. Cada generación.

El discipulado no es un momento: es un camino. Y ese camino no comienza en la adultez, ni termina en la niñez. Se desarrolla a través de cada etapa de la vida. La serie **Equipados para Discipular** fue creada con una visión clara: proveer una ruta de discipulado **bíblica, consistente y apropiada por edades**, que ayude a individuos y familias a crecer en la fe—juntos.

Desde los primeros años de vida hasta la adultez madura, esta serie busca responder una pregunta esencial en cada etapa:

¿Cómo seguimos fielmente a Jesús— aquí y ahora?

UN MARCO, NO SOLO UN LIBRO

Cada libro de la serie **Equipados para Discipular** está intencionalmente alineado con los demás. Aunque el lenguaje, las actividades y la profundidad varían según la edad, las verdades bíblicas centrales permanecen iguales.

Esto permite:

- Que los padres discipulen a sus hijos con confianza
- Que las iglesias enseñen consistentemente a todos los grupos de edad
- Que las escuelas cristianas adopten un marco de fe unificado
- Que las familias crezcan juntas sin fragmentación

La fe se fortalece cuando la verdad se refuerza—no cuando se reemplaza—con el paso del tiempo.

DISEÑADO PARA LA VIDA REAL

Esta serie fue escrita para:

- Hogares
- Iglesias
- Escuelas cristianas
- Grupos pequeños
- Aulas
- Mentorías

Cada libro es práctico, centrado en la Escritura y arraigado en la vida cotidiana. La meta no es solo información, sino formación: formar corazones, hábitos y convicciones que perduren.

El discipulado en esta serie enfatiza:

- Conocer a Dios
- Amar Su Palabra
- Caminar en obediencia
- Vivir con propósito
- Servir a otros
- Crecer a la estatura de Cristo

UNA SOLA RUTA — MUCHAS ETAPAS

La serie **Equipados para Discipular** incluye:

- Equipados para Discipular: Primeros pasos (1–3 años)
- Equipados para Discipular: Preescolares (4–6 años)
- Equipados para Discipular: Niños (7–12 años)
- Equipados para Discipular: Adolescentes y jóvenes (13–18 años)
- Equipados para Discipular: Jóvenes adultos (18–30 años)
- Equipados para Discipular (Adultos)
- Equipados para Evangelizar
- Equipados para un Matrimonio que Perdura
- Equipados para la Consejería Cristiana Integral
- Equipados para la Capellanía Cristiana

Cada libro edifica sobre el mismo fundamento bíblico, atendiendo a las necesidades, preguntas y desafíos propios de su audiencia.

El discipulado es más efectivo cuando se modela, se comparte y se vive. Los niños y jóvenes crecen más firmes en la fe cuando los adultos a su alrededor también están creciendo. Esta serie fue diseñada para apoyarle, no para sustituirle.

Su ejemplo, oración y presencia importan más que cualquier página. Estos libros son herramientas para ayudarle a caminar fielmente al lado de aquellos que Dios le ha confiado.

NUESTRA ORACIÓN

Oramos para que la serie **Equipados para Discipular**:

- Fortalezca familias
- Equipe iglesias
- Apoye la educación cristiana
- Levante discípulos que amen profundamente a Jesús
- Edifique una fe que permanezca a través de las generaciones

Que Dios use estas páginas para formar corazones que le conozcan, confíen en Él y le sigan—fiel y gozosamente—toda la vida.

Dr. Frank S. Archbold
Autor, Pastor y Maestro
Serie Equipados para Discipular

PARTE I — FUNDAMENTOS DE LA FE (Identidad)

CAPÍTULO 1 - ¿POR QUÉ FUIMOS CREADOS?

INTRODUCCIÓN

Una de las preguntas más profundas del corazón humano es: **« ¿Por qué estoy aquí? »**

Muchos viven sin una respuesta clara. Algunos buscan significado en el trabajo, otros en la familia, el éxito, el dinero o incluso en la religión. Sin embargo, la verdadera razón de nuestra existencia solo puede comprenderse cuando miramos a Dios—nuestro Creador.

Este capítulo ayuda al creyente a entender que la vida no es un accidente, sino parte de un propósito eterno. Cuando una persona comprende por qué fue creada, la fe se fortalece, la identidad se afirma y la vida cristiana adquiere dirección y estabilidad.

FUNDAMENTO BÍBLICO CENTRAL

«Señor, digno eres de recibir la gloria y la honra y el poder; porque tú creaste todas las cosas, y por tu voluntad existen y fueron creadas.» — Apocalipsis 4:11 (RVR1960)

Este pasaje establece una verdad fundamental: todo fue creado por Dios y para Dios. Nada existe fuera de Su voluntad. La vida humana halla su origen, propósito y significado en Él.

EL PROPÓSITO DE LA CREACIÓN

Antes de la creación de la humanidad, la Escritura muestra que Dios creó seres espirituales para glorificarle. Ezequiel 28:13–17 describe la creación original y la caída de Lucifer, cuyo propósito fue distorsionado por el orgullo. Después de esa caída, Dios creó al hombre y a la mujer a Su imagen y semejanza: **«Entonces dijo Dios: Hagamos al hombre a nuestra imagen, conforme a nuestra semejanza…»** — Génesis 1:26 (RVR1960)

La humanidad fue creada para reflejar el carácter de Dios, caminar en comunión con Él y glorificarle con su vida. David expresa esta verdad con humildad:

« ¿Qué es el hombre, para que tengas de él memoria, Y el hijo del hombre, para que lo visites? Le has hecho poco menor que los ángeles, Y lo coronaste de gloria y de honra.» — Salmos 8:4–5 (RVR1960) "La palabra traducida como ángeles proviene del término hebreo Elohim, lo cual enfatiza la dignidad y la responsabilidad con las que la humanidad fue creada: vivir en relación con Dios y honrarle."

LA VOLUNTAD DE DIOS
La palabra *voluntad* en Apocalipsis 4:11 señala el:
- Propósito de Dios
- Deseo de Dios
- Intención de Dios
- Agrado de Dios

Esto nos enseña que fuimos creados para:
- Cumplir Su propósito
- Vivir conforme a Su voluntad
- Responder a Su deseo
- Agradarle mediante la obediencia

La vida cristiana no consiste solo en evitar el pecado, sino en vivir intencionalmente para agradar a Dios.

Equipados para discipular: Guía completa para el crecimiento cristiano

VIVIR CON PROPÓSITO: UNA VIDA DE FE

«Mas el justo vivirá por fe.» — Hebreos 10:38 (RVR1960)
«Así que la fe es por el oír, y el oír, por la palabra de Dios.» —
Romanos 10:17 (RVR1960)

Vivir por fe significa confiar en Dios, obedecer Su Palabra y seguir Su dirección, aun cuando no comprendamos plenamente el proceso.

APLICACIÓN PASTORAL

Cuando el creyente entiende por qué fue creado:
- Deja de vivir sin dirección
- Afirma su identidad en Cristo
- Fortalece su compromiso con Dios
- Encuentra sentido aun en las pruebas

La iglesia local cumple un papel vital ayudando a los creyentes a descubrir y caminar en su propósito divino.

ADVERTENCIA PASTORAL

Una de las estrategias del enemigo es mantener a las personas ocupadas, pero sin propósito. Incluso dentro de la iglesia, alguien puede servir sin entender por qué vive para Dios. El discipulado existe para prevenir esto: formar creyentes con convicción, dirección y madurez espiritual.

REFLEXIÓN GUIADA

- ¿Vivo para agradar a Dios o solo cumplo rutinas?
- ¿Comprendo que mi vida tiene un propósito eterno?
- ¿Estoy dispuesto a alinear mis decisiones con la voluntad de Dios?

CUESTIONARIO — CAPÍTULO 1

1. ¿Por qué fue creado el ser humano según la Biblia?
2. ¿Qué significa la voluntad de Dios?
3. ¿Cómo se vive una vida conforme al propósito divino?

EJERCICIO DE DISCIPULADO — CAPÍTULO 1

1. Escriba la razón principal por la cual cree que Dios lo creó.
2. Describa lo que entiende como la voluntad de Dios para su vida hoy.
3. Evalúe si está viviendo conforme a ese propósito.
4. Anote tres acciones que comenzará a practicar para vivir en la voluntad de Dios.
5. Escriba tres actitudes o hábitos que necesita abandonar.

ORACIÓN GUIADA

Señor Dios, gracias porque mi vida no es un accidente. Reconozco que fui creado por Ti y para Ti. Ayúdame a vivir conforme a Tu propósito, a obedecer Tu Palabra y a caminar por fe cada día. Rindo mi vida a Tu voluntad y deseo darte gloria, honra y agrado con todo lo que soy. En el nombre de Jesús. Amén.

NOTAS PERSONALES Y DESARROLLO DE ASIGNACIONES
Capítulo 1
Notas Personales

Utiliza este espacio para escribir apuntes, ideas, preguntas, revelaciones, versículos, asignaciones o aplicaciones prácticas relacionadas con este capítulo.

"Tu palabra es lámpara a mis pies, y lumbrera a mi camino."
(Salmo 119:105, RVR1960)

_____
_____
_____
_____
_____
_____
_____
_____
_____
_____
_____
_____
_____
_____
_____
_____
_____
_____
_____
_____
_____
_____
_____
_____
_____
_____

Desarrollo de Asignaciones (si aplica)

_____
_____
_____
_____
_____
_____
_____
_____
_____
_____
_____
_____
_____
_____
_____
_____
_____
_____
_____
_____
_____
_____
_____
_____
_____
_____
_____
_____
_____
_____
_____
_____

Fecha: _____

Firma / Iniciales: _____

Equipados para discipular: Guía completa para el crecimiento cristiano

CAPÍTULO 2

¿CÓMO PUEDO SER SALVO?

INTRODUCCIÓN

La salvación es el corazón del mensaje cristiano. No se trata simplemente de cambiar de religión, asistir a una iglesia o mejorar la conducta externa; se trata de una **transformación profunda del ser humano** mediante una **relación viva con Jesucristo**.

Muchas personas conocen a Dios de manera intelectual, pero nunca han experimentado la seguridad, la paz y la esperanza que provienen de saber que han sido reconciliadas con Él. Este capítulo explica de manera clara y pastoral **qué es la salvación**, **por qué la necesitamos** y **cómo recibirla**, para que todo creyente tenga una fe firme y bien fundamentada.

¿QUÉ ES LA SALVACIÓN?

La palabra *salvación* significa **liberación**. En términos bíblicos, la salvación es la liberación del poder del pecado y de su consecuencia eterna.

«Porque la paga del pecado es muerte, mas la dádiva de Dios es vida eterna en Cristo Jesús Señor nuestro.» *(Romanos 6:23, RVR1960)*

Cuando una persona no es salva, el pecado gobierna su vida. Cuando una persona recibe a Cristo, ocurre un cambio espiritual profundo.

«Todo aquel que es nacido de Dios, no practica el pecado, porque la simiente de Dios permanece en él; y no puede pecar, porque es nacido de Dios.» *(1 Juan 3:9, RVR1960)*

Esto no significa que el creyente nunca falle, sino que el pecado **ya no gobierna su vida como una práctica habitual**.

DOS CONDICIONES ESPIRITUALES SEGÚN LA BIBLIA

1. Los que no creen en Jesucristo

- Viven bajo el dominio del pecado
- No experimentan un arrepentimiento genuino

2. Los que creen en Jesucristo

- No viven en pecado habitual
- Experimentan convicción cuando fallan
- Buscan perdón y restauración

«Si confesamos nuestros pecados, él es fiel y justo para perdonar nuestros pecados, y limpiarnos de toda maldad.» *(1 Juan 1:9, RVR1960)*

¿POR QUÉ NECESITAMOS SER SALVOS?

1. Para tener vida eterna con Dios

«...pero confiamos, y más quisiéramos estar ausentes del cuerpo, y presentes al Señor.» *(2 Corintios 5:8, RVR1960)*

2. Para que nuestro nombre esté escrito en el Libro de la Vida

«El que venciere será vestido de vestiduras blancas; y no borraré su nombre del libro de la vida...» *(Apocalipsis 3:5, RVR1960)*

La salvación no es solo para esta vida; tiene **consecuencias eternas**.

¿CÓMO OBTENEMOS LA SALVACIÓN?

1. Reconociendo nuestro pecado

«Por cuanto todos pecaron, y están destituidos de la gloria de Dios.» *(Romanos 3:23, RVR1960)*

2. Creyendo y confesando a Jesucristo

«Que si confesares con tu boca que Jesús es el Señor, y creyeres en tu corazón que Dios le levantó de los muertos, serás salvo. Porque con el corazón se cree para justicia, pero con la boca se confiesa para salvación.» *(Romanos 10:9–10, RVR1960)*

Este acto se conoce como **justificación**: Dios declara justo al creyente por medio de la fe en Cristo.

3. Viviendo conforme a la Palabra de Dios

«Porque como el cuerpo sin espíritu está muerto, así también la fe sin obras está muerta.» *(Santiago 2:26, RVR1960)*

Las obras no nos salvan; **demuestran una fe genuina.**

LA SALVACIÓN ES PARA TODOS

«Porque de tal manera amó Dios al mundo, que ha dado a su Hijo unigénito, para que todo aquel que en él cree, no se pierda, mas tenga vida eterna» *(Juan 3:16, RVR1960)*

Ningún error del pasado, edad o condición social descalifica a una persona. **Todo el que cree puede ser salvo.**

HOY ES EL DÍA DE SALVACIÓN

«He aquí ahora el tiempo aceptable; he aquí ahora el día de salvación.» *(2 Corintios 6:2, RVR1960)*

La salvación **no debe postergarse.**

¿SE PUEDE PERDER LA SALVACIÓN?

«Mis ovejas oyen mi voz, y yo las conozco, y me siguen, y yo les doy vida eterna; y no perecerán jamás, ni nadie las arrebatará de mi mano.» *(Juan 10:27–28, RVR1960)*

La salvación no puede ser quitada por la fuerza. Sin embargo, Dios respeta el **libre albedrío humano.** Una persona puede decidir apartarse de Cristo, pero Dios nunca impone la salvación por la fuerza.

APLICACIÓN PASTORAL

La salvación no es solo un evento pasado; es una **relación viva** que debe cultivarse diariamente. Por lo tanto, se exhorta a los creyentes a:
- Congregarse en una iglesia local
- Recibir discipulado
- Crecer en la Palabra
- Caminar junto a líderes espirituales

CUESTIONARIO — CAPÍTULO 2
1. ¿Qué es la salvación según la Biblia?
2. ¿Por qué necesitamos ser salvos?
3. ¿Cómo obtenemos la salvación?
4. ¿Quién puede ser salvo?
5. ¿Cuándo puede una persona ser salva?
6. ¿Se puede perder la salvación?

EJERCICIO DE DISCIPULADO — CAPÍTULO 2

Si deseas recibir la salvación, ora a Dios:
1. Pide perdón por tus pecados.
2. Confiesa tu fe en Jesucristo.
3. Acepta a Cristo como tu Salvador personal.
4. Da gracias a Dios por tu salvación.
5. Comprométete a congregarte y crecer espiritualmente.

ORACIÓN GUIADA

Señor Dios, reconozco que te necesito. Creo que Jesucristo murió por mis pecados y resucitó para darme vida eterna. Hoy me arrepiento, recibo tu perdón y acepto a Jesús como mi Salvador. Gracias por salvarme y por escribir mi nombre en el Libro de la Vida. En el nombre de Jesús. Amén.

NOTAS PERSONALES Y DESARROLLO DE ASIGNACIONES
Capítulo 2
Notas Personales

Utiliza este espacio para escribir apuntes, ideas, preguntas, revelaciones, versículos, asignaciones o aplicaciones prácticas relacionadas con este capítulo.

"Tu palabra es lámpara a mis pies, y lumbrera a mi camino."
(Salmo 119:105, RVR1960)

Desarrollo de Asignaciones (si aplica)

_____
_____
_____
_____
_____
_____
_____
_____
_____
_____
_____
_____
_____
_____
_____
_____
_____
_____
_____
_____
_____
_____
_____
_____
_____
_____
_____

Fecha: _____

Firma / Iniciales: _____

Equipados para discipular: Guía completa para el crecimiento cristiano

CAPÍTULO 3
EL BAUTISMO EN AGUA

INTRODUCCIÓN
Después de recibir a Jesucristo como Salvador personal, surge una pregunta natural: **¿qué sigue ahora?**

El bautismo en agua es uno de los primeros pasos de obediencia en la vida cristiana. No es una mera tradición, sino una **declaración pública de fe**, un **acto de obediencia** y una **expresión visible de una transformación interior**.

¿QUÉ ES EL BAUTISMO EN AGUA?

La palabra *bautismo* proviene del griego *baptō*, que significa **sumergir** o **introducir debajo del agua**. El bautismo bíblico se realiza por **inmersión completa en agua**.

El bautismo simboliza:
- Muerte al pecado
- Sepultura con Cristo
- Resurrección a una vida nueva

¿POR QUÉ DEBEMOS SER BAUTIZADOS?

1. Porque Jesús lo mandó
«Por tanto, id, y haced discípulos a todas las naciones, bautizándolos...» *(Mateo 28:19, RVR1960)*

2. Porque nos identifica con Cristo
«Porque somos sepultados juntamente con él para muerte por el bautismo, a fin de que como Cristo resucitó de los muertos por la gloria del Padre, así también nosotros andemos en vida nueva.» *(Romanos 6:4, RVR1960)*

No somos bautizados para ser salvos, **sino porque ya hemos sido salvos**.

¿CUÁNDO DEBE SER BAUTIZADA UNA PERSONA?

Después de creer en Jesucristo y recibir instrucción básica en la fe. En la Escritura, el bautismo seguía de cerca a la conversión.

¿CÓMO DEBE SER REALIZADO EL BAUTISMO?

«...en el nombre del Padre, y del Hijo, y del Espíritu Santo.» *(Mateo 28:19, RVR1960)*

El bautismo también puede ser administrado en el nombre del Señor Jesucristo, reconociendo la misma verdad redentora revelada en las Escrituras.

¿QUIÉN PUEDE BAUTIZAR?

Jesús comisionó a Sus discípulos para bautizar. Por lo tanto, **creyentes maduros**, que operan bajo la **autoridad de la iglesia local**, pueden bautizar.

¿DÓNDE SE PUEDE REALIZAR EL BAUTISMO?

El bautismo puede realizarse donde haya suficiente agua:
- Iglesias
- Ríos
- Lagos
- Piscinas

«Y yendo por el camino, llegaron a cierta agua, y dijo el eunuco: Aquí hay agua; ¿qué impide que yo sea bautizado?» *(Hechos 8:36, RVR1960)*

¿QUIÉNES DEBEN SER BAUTIZADOS?

Toda persona que:

- Ha creído en Jesucristo
- Ha recibido instrucción básica
- Desea obedecer al Señor

«Y muchos de los corintios, oyendo, creían y eran bautizados.»
(Hechos 18:8, RVR1960)

APLICACIÓN PASTORAL PARA LA IGLESIA LOCAL

El bautismo:

- Afirma públicamente la fe
- Fortalece el compromiso cristiano
- Da testimonio del Evangelio

Es un momento de **gozo y unidad** dentro de la iglesia local.

CUESTIONARIO — CAPÍTULO 3

1. ¿Qué significa la palabra *bautismo*?
2. ¿Por qué debe un creyente ser bautizado?
3. ¿Cuándo debe realizarse el bautismo?
4. ¿Cómo debe realizarse el bautismo?
5. ¿Quién puede bautizar?
6. ¿Quiénes deben ser bautizados?

EJERCICIO DE DISCIPULADO — CAPÍTULO 3

1. Escribe dos razones por las cuales debes ser bautizado.
2. Habla con tu pastor o líder de la iglesia acerca del bautismo.
3. Después del bautismo, escribe lo que significó para ti.

ORACIÓN GUIADA

Señor Jesús, gracias por la salvación que me has dado. Elijo obedecerte y declarar públicamente mi fe. Ayúdame a andar en vida nueva y a seguirte con un corazón sincero. En tu nombre oro. Amén.

NOTAS PERSONALES Y DESARROLLO DE ASIGNACIONES
Capítulo 3
Notas Personales

Utiliza este espacio para escribir apuntes, ideas, preguntas, revelaciones, versículos, asignaciones o aplicaciones prácticas relacionadas con este capítulo.

"Tu palabra es lámpara a mis pies, y lumbrera a mi camino."
(Salmo 119:105, RVR1960)

Desarrollo de Asignaciones (si aplica)

_____
_____
_____
_____
_____
_____
_____
_____
_____
_____
_____
_____
_____
_____
_____
_____
_____
_____
_____
_____
_____
_____
_____
_____
_____
_____
_____
_____
_____
_____

Fecha: _____
Firma / Iniciales: _____

Equipados para discipular: Guía completa para el crecimiento cristiano

PARTE II — FORMACIÓN EN LA PALABRA (Crecimiento)¿
CAPÍTULO 4
LA BIBLIA

INTRODUCCIÓN PASTORAL

Para crecer espiritualmente y vivir una vida cristiana firme, todo creyente necesita un fundamento seguro. Ese fundamento es la **Palabra de Dios**. La Biblia no es simplemente un libro antiguo ni una colección de escritos religiosos; es la **voz viva de Dios** que guía, corrige, consuela y transforma vidas.

Muchos creyentes aman a Dios, pero luchan en su caminar cristiano porque no conocen la Biblia o no saben cómo aplicarla a la vida diaria. Este capítulo ayuda a los creyentes a comprender la importancia de las Escrituras y a aprender cómo vivir conforme a ellas dentro del contexto de la iglesia local.

¿QUÉ ES LA BIBLIA?

La Biblia es la **Palabra de Dios**, inspirada por Él y escrita por hombres bajo la dirección del **Espíritu Santo**.

«Toda la Escritura es inspirada por Dios...» *(2 Timoteo 3:16, RVR1960)*

La Biblia fue escrita por muchos autores, en diferentes lugares y épocas, a lo largo de un extenso período de tiempo; sin embargo, presenta un **mensaje unificado**: el plan de Dios para redimir a la humanidad por medio de Jesucristo.
Jesús afirmó esta verdad:

«Y comenzando desde Moisés, y siguiendo por todos los profetas, les declaraba en todas las Escrituras lo que de él decían.» *(Lucas 24:27, RVR1960)*

¿CÓMO ESTÁ DIVIDIDA LA BIBLIA?

La Biblia consta de **sesenta y seis libros**, divididos en dos Testamentos:

El Antiguo Testamento (39 libros) Revela la voluntad de Dios antes de la venida de Cristo y prepara el camino para el Salvador.

El Nuevo Testamento (27 libros) Revela el cumplimiento de las promesas de Dios en Jesucristo y establece la vida de la Iglesia. El Nuevo Testamento **no abroga** el Antiguo Testamento, sino que **lo cumple y lo aclara.**

DIVISIÓN DEL NUEVO TESTAMENTO

1. **Libros Históricos (Mateo–Hechos)** Describen la vida de Jesucristo y el nacimiento de la Iglesia.
2. **Epístolas a las Iglesias (Romanos–Tesalonicenses)** Enseñan doctrina y práctica cristiana.
3. **Epístolas Pastorales y Personales (1 Timoteo–Filemón)** Proveen instrucción para la vida cristiana y el liderazgo.
4. **Epístolas Generales y Apocalipsis (Hebreos– Apocalipsis)** Exhortan a los creyentes a la perseverancia y revelan la esperanza eterna.

DIVISIÓN DEL ANTIGUO TESTAMENTO

1. **La Ley (Pentateuco) — Génesis–Deuteronomio** Estos libros registran la creación del mundo, el llamado de Israel, el pacto de Dios y las leyes que revelan Su santidad, carácter y expectativas para Su pueblo.
2. **Libros Históricos — Josué–Ester** Relatan la historia de Israel desde la conquista de Canaán, pasando por la monarquía, el exilio y la preservación del pueblo judío, mostrando la fidelidad de Dios a pesar del fracaso humano.

3. **Libros Poéticos — Job–Cantares** Expresan adoración, sabiduría, sufrimiento, amor y oración, revelando cómo Dios se relaciona con el corazón humano en cada etapa de la vida.

4. **Profetas Mayores — Isaías–Daniel** Contienen mensajes proféticos de advertencia, arrepentimiento, juicio y esperanza, incluyendo poderosas revelaciones del Mesías venidero y del plan redentor de Dios.

5. **Profetas Menores — Oseas–Malaquías** Aunque más breves, estos libros proféticos abordan la condición moral y espiritual de Israel, llamando al pueblo de Dios a la fidelidad, la justicia y la obediencia.

¿POR QUÉ DEBEMOS ESTUDIAR LA BIBLIA?

1. Porque es un mandato de Dios «Procura con diligencia presentarte a Dios aprobado...» *(2 Timoteo 2:15, RVR1960)*

2. Porque es nuestra defensa espiritual Jesús respondió a la tentación diciendo: **«Escrito está...»** *(Mateo 4:4, RVR1960)* «Y tomad... la espada del Espíritu, que es la palabra de Dios.» *(Efesios 6:17, RVR1960)*

3. Porque produce fe «Así que la fe es por el oír, y el oír, por la palabra de Dios.» *(Romanos 10:17, RVR1960)*

4. Porque nos enseña cómo vivir «Mas el justo por la fe vivirá.» *(Romanos 1:17, RVR1960)*

5. Porque nos santifica «Para santificarla, habiéndola purificado en el lavamiento del agua por la palabra.» *(Efesios 5:26, RVR1960)*

La salvación es **instantánea**; la santificación es **progresiva** y ocurre a medida que renovamos nuestra mente por medio de la Palabra de Dios.

APLICACIÓN PASTORAL PARA LA VIDA DIARIA

Un creyente que ama la Biblia:
- Crece espiritualmente
- Discierne la verdad del error
- Vive con convicción y estabilidad
- Desarrolla una relación más profunda con Dios

La iglesia local cumple un papel vital al enseñar a los creyentes a **leer, estudiar y aplicar** fielmente las Escrituras.

CUESTIONARIO — CAPÍTULO 4

1. ¿Qué es la Biblia?
2. ¿Cómo está dividida la Biblia?
3. ¿Por qué debemos estudiar la Palabra de Dios?

EJERCICIO DE DISCIPULADO — CAPÍTULO 4

1. Obtén una Biblia si aún no tienes una.
2. Identifica el Antiguo y el Nuevo Testamento.
3. Escribe tres razones por las cuales debes estudiar la Biblia.
4. Lee el Salmo 23 y escribe lo que comprendiste.
5. Lee Juan capítulo 3 y escribe lo que aprendiste.

ORACIÓN GUIADA

Señor Dios, gracias por tu Palabra, que es **lámpara a mis pies, y lumbrera a mi camino**. Enséñame a amarla, entenderla y vivir conforme a ella cada día. Que tu Palabra transforme mi mente y fortalezca mi fe. En el nombre de Jesús. Amén.

NOTAS PERSONALES Y DESARROLLO DE ASIGNACIONES
Capítulo 4
Notas Personales

Utiliza este espacio para escribir apuntes, ideas, preguntas, revelaciones, versículos, asignaciones o aplicaciones prácticas relacionadas con este capítulo.

"Tu palabra es lámpara a mis pies, y lumbrera a mi camino."
(Salmo 119:105, RVR1960)

Desarrollo de Asignaciones (si aplica)

_____
_____
_____
_____
_____
_____
_____
_____
_____
_____
_____
_____
_____
_____
_____
_____
_____
_____
_____
_____
_____
_____
_____
_____
_____
_____
_____
_____
_____

Fecha: _____

Firma / Iniciales: _____

Equipados para discipular: Guía completa para el crecimiento cristiano

CAPÍTULO 5
LA CONGREGACIÓN CON LOS CREYENTES

INTRODUCCIÓN PASTORAL

Dios nunca diseñó la vida cristiana para ser vivida en aislamiento. Desde el principio, Su plan ha sido formar un pueblo —una **familia espiritual**— donde los creyentes crezcan juntos, se edifiquen mutuamente y caminen en fe y amor.

Algunos creyentes se han apartado de la vida congregacional debido a heridas o decepciones. Este capítulo busca restaurar una comprensión bíblica y saludable de la importancia de congregarse con otros creyentes, mostrando que la iglesia local es la provisión de Dios para el crecimiento espiritual y la protección.

¿QUÉ ES LA CONGREGACIÓN DE LOS CREYENTES?

La congregación de los creyentes se refiere a la reunión regular de cristianos para:

- Adorar a Dios
- Escuchar Su Palabra
- Orar juntos
- Compartir comunión
- Edificarse unos a otros

La iglesia no es simplemente un edificio, sino el pueblo de Dios reunido.

«Porque donde están dos o tres congregados en mi nombre, allí estoy yo en medio de ellos.» *(Mateo 18:20, RVR1960)*

¿POR QUÉ ES IMPORTANTE CONGREGARSE?

1. Porque es una instrucción bíblica - «No dejando de congregarnos, como algunos tienen por costumbre…» *(Hebreos 10:25, RVR1960)*

2. Porque recibimos cuidado pastoral y supervisión espiritual - «Porque ellos velan por vuestras almas…» *(Hebreos 13:17, RVR1960)*

3. Porque nuestra fe es fortalecida - «Así que la fe es por el oír, y el oír, por la palabra de Dios.» *(Romanos 10:17, RVR1960)*

4. Porque recibimos oración y apoyo - « ¿Está alguno enfermo entre vosotros? Llame a los ancianos de la iglesia…» *(Santiago 5:14, RVR1960)*

5. Porque adoramos a Dios juntos - «Alabad a Dios en su santuario…» *(Salmos 150:1, RVR1960)*

6. Porque nos edificamos unos a otros - «Sobrellevad los unos las cargas de los otros…» *(Gálatas 6:2, RVR1960)*

7. Porque ejercemos los dones espirituales - «Procurad abundar en ellos para edificación de la iglesia.» *(1 Corintios 14:12, RVR1960)*

¿CUÁL ES EL DÍA PRINCIPAL DE CONGREGACIÓN?

Desde el inicio de la Iglesia, los creyentes se reunían el **primer día de la semana**. **«El primer día de la semana, reunidos los discípulos para partir el pan, Pablo les enseñaba,»** *(Hechos 20:7, RVR1960)*

Sin embargo, nuestra relación con Dios no está limitada a un día específico.

«Por tanto, nadie os juzgue… en cuanto a días de reposo.» *(Colosenses 2:16, RVR1960)*

Lo más importante no es solamente **cuándo** nos congregamos, sino **con quién** y **con qué actitud** lo hacemos.

APLICACIÓN PASTORAL PARA LA IGLESIA LOCAL

La iglesia local es el lugar donde los creyentes:

- Crecen espiritualmente
- Son formados como discípulos
- Aprenden a servir
- Son sanados y restaurados
- Descubren su propósito

La asistencia fiel expresa amor a Dios y compromiso con Su cuerpo.

ADVERTENCIA PASTORAL

Apartarse de la vida congregacional debilita la fe. Un creyente aislado se vuelve vulnerable al desaliento, al error doctrinal y a la tentación. Dios nos llama a una vida cristiana **compartida**, no a una fe individualista.

CUESTIONARIO — CAPÍTULO 5

1. ¿Qué es la congregación de los creyentes?
2. ¿Por qué es importante congregarse?
3. ¿Qué beneficios espirituales recibimos al congregarnos?

EJERCICIO DE DISCIPULADO — CAPÍTULO 5

1. Escribe la razón principal por la cual debes congregarte.
2. Comprométete a asistir fielmente a una iglesia local.
3. Escribe cómo te sientes cuando te reúnes con otros creyentes.
4. Escribe el nombre de tu iglesia local.
5. Escribe el nombre de tu pastor o líder espiritual.

ORACIÓN GUIADA

Señor Dios, gracias por darme una familia espiritual. Ayúdame a amar Tu Iglesia, caminar en unidad y edificar a mis hermanos en la fe. Guíame a servir con humildad y a crecer juntos en Tu amor. En el nombre de Jesús. Amén.

NOTAS PERSONALES Y DESARROLLO DE ASIGNACIONES
Capítulo 5
Notas Personales

Utiliza este espacio para escribir apuntes, ideas, preguntas, revelaciones, versículos, asignaciones o aplicaciones prácticas relacionadas con este capítulo.

"Tu palabra es lámpara a mis pies, y lumbrera a mi camino."
(Salmo 119:105, RVR1960)

Desarrollo de Asignaciones (si aplica)

_____
_____
_____
_____
_____
_____
_____
_____
_____
_____
_____
_____
_____
_____
_____
_____
_____
_____
_____
_____
_____
_____
_____
_____
_____
_____
_____
_____

Fecha: _____
Firma / Iniciales: _____

CAPÍTULO 6
LA AUTORIDAD EN LA IGLESIA

INTRODUCCIÓN PASTORAL

Uno de los temas más sensibles en la vida cristiana es la **autoridad espiritual**. Muchos creyentes han sido heridos por el mal uso de la autoridad, un liderazgo deficiente o experiencias poco saludables. Sin embargo, el abuso no anula el diseño de Dios.

Este capítulo restaura una comprensión **bíblica, sana y pastoral** de la autoridad como un instrumento de **protección, orden y crecimiento espiritual**. Dios es un Dios de orden, y donde hay orden, hay paz, estabilidad y crecimiento.

¿QUÉ ES LA AUTORIDAD?

La palabra autoridad en el Nuevo Testamento proviene del griego *exousía*, que significa **poder delegado** o **derecho legítimo**.

«Porque no hay autoridad sino de parte de Dios, y las que hay, por Dios han sido establecidas.» *(Romanos 13:1, RVR1960)*

La autoridad bíblica no se basa en control, temor o manipulación, sino en **servicio, responsabilidad y rendición de cuentas delante de Dios**.

LA NECESIDAD DE LA AUTORIDAD

Dios estableció la autoridad para:
- Mantener el orden espiritual
- Proteger a Su pueblo
- Guiar a los creyentes
- Corregir con amor
- Facilitar un crecimiento saludable

«Pues Dios no es Dios de confusión, sino de paz...»
(1 Corintios 14:33, RVR1960)

LA AUTORIDAD DESDE UNA PERSPECTIVA PASTORAL

La autoridad en la iglesia no existe para exaltar a individuos, sino para:

- Servir al pueblo de Dios
- Cuidar las almas
- Edificar el cuerpo de Cristo

Jesús estableció el modelo correcto de autoridad:

«...el que quiera hacerse grande entre vosotros será vuestro servidor.» *(Mateo 20:26, RVR1960)*

FORMAS DE GOBIERNO Y EL MODELO BÍBLICO

Los sistemas humanos de gobierno incluyen:

1. **Democrático** — gobierno por mayoría
2. **Dictatorial** — poder concentrado en una persona
3. **Oligárquico** — poder compartido entre unos pocos
4. **Teocrático** — Dios como autoridad suprema

Según las Escrituras, la Iglesia opera bajo un **modelo teocrático**:

- Dios es la autoridad suprema
- Los líderes son Sus delegados
- La Palabra de Dios es el estándar más alto

ESTAR BAJO AUTORIDAD: OBEDIENCIA Y SUJECIÓN

1. Obediencia: La obediencia es hacer lo que se instruye, siempre que no contradiga la Palabra de Dios.

«Es necesario obedecer a Dios antes que a los hombres.» *(Hechos 5:29, RVR1960)*

La obediencia bíblica es **responsable**, no ciega.

2. Sujeción: La sujeción es una **actitud del corazón** marcada por humildad, respeto y honra.
- La obediencia puede ser circunstancial
- La sujeción es una actitud continua

Ambas son requeridas cuando la Palabra de Dios es honrada.

LOS LÍMITES DE LA AUTORIDAD ESPIRITUAL

La autoridad espiritual **nunca debe**:

- Contradecir las Escrituras
- Manipular conciencias
- Controlar la vida personal
- Reemplazar una relación personal con Dios

La autoridad es **delegada**, no absoluta.

AUTORIDADES ESTABLECIDAS EN LA IGLESIA EN EL NUEVO TESTAMENTO

1. **Apóstol** — enviado por Dios para establecer y fortalecer iglesias
2. **Obispo** — supervisor espiritual
3. **Pastor** — pastor de la iglesia local

«Apacentad la grey de Dios que está entre vosotros...» *(1 Pedro 5:2, RVR1960)*

4. **Diácono** — siervo que apoya las necesidades prácticas de la iglesia y asiste al Pastor
5. **Ministros y siervos** — quienes sirven en enseñanza, adoración, evangelismo, consejería, hospitalidad, administración y otras áreas

LA AUTORIDAD COMO PROTECCIÓN, NO COMO AMENAZA

Cuando la autoridad se ejerce bíblicamente:
- Brinda seguridad espiritual
- Promueve el crecimiento
- Previene el error doctrinal
- Protege al creyente

La autoridad bíblica **guía y cuida**; no oprime.

APLICACIÓN PASTORAL PARA LA IGLESIA LOCAL
Todo creyente debe aprender a:
- Honrar a los líderes espirituales
- Orar por ellos
- Colaborar con humildad
- Someterse a la Palabra de Dios

«Sed imitadores de mí, así como yo de Cristo.» *(1 Corintios 11:1, RVR1960)*

Equipados para discipular: Guía completa para el crecimiento cristiano

CUESTIONARIO — CAPÍTULO 6

1. ¿Qué es la autoridad bíblica?
2. ¿Por qué es necesaria la autoridad en la iglesia?
3. ¿Cuál es la diferencia entre obediencia y sujeción?
4. ¿Cuáles son los límites de la autoridad espiritual?
5. ¿Quiénes son las autoridades en la iglesia según las Escrituras?

EJERCICIO DE DISCIPULADO — CAPÍTULO 6

1. Identifica las autoridades espirituales en tu iglesia.
2. Identifica las autoridades en tu hogar.
3. Identifica las autoridades en tu lugar de trabajo o estudios.
4. Reflexiona: ¿qué te resulta más difícil —la obediencia o la sujeción?

ORACIÓN GUIADA

Señor Dios, enséñame a caminar bajo autoridad con humildad y discernimiento. Ayúdame a honrar a quienes me dirigen y a someterme a Tu Palabra. Sana cualquier herida del pasado y forma en mí un corazón enseñable. En el nombre de Jesús. Amén.

NOTAS PERSONALES Y DESARROLLO DE ASIGNACIONES
Capítulo 6
Notas Personales

Utiliza este espacio para escribir apuntes, ideas, preguntas, revelaciones, versículos, asignaciones o aplicaciones prácticas relacionadas con este capítulo.

"Tu palabra es lámpara a mis pies, y lumbrera a mi camino."
(Salmo 119:105, RVR1960)

Desarrollo de Asignaciones (si aplica)

_____
_____
_____
_____
_____
_____
_____
_____
_____
_____
_____
_____
_____
_____
_____
_____
_____
_____
_____
_____
_____
_____
_____
_____
_____

Fecha: _____

Firma / Iniciales: _____

CAPÍTULO 7
DISCIPULANDO A LA PRÓXIMA GENERACIÓN

INTRODUCCIÓN

El discipulado no se limita al crecimiento espiritual personal; es una responsabilidad bíblica que se extiende de una generación a otra. Desde las primeras páginas de la Escritura, Dios revela Su deseo de que la fe sea enseñada, modelada y preservada dentro de las familias y entre Su pueblo. La fortaleza de la Iglesia en cada generación depende de su fidelidad para discipular no solo a los adultos, sino también a los niños.

En una época en la que muchos niños crecen sin fundamentos espirituales claros, el discipulado intencional dentro del hogar y de la iglesia se ha vuelto más urgente que nunca. Este capítulo aborda la responsabilidad bíblica de discipular a los niños y enfatiza el papel de los padres, las familias y los líderes espirituales en la formación de la próxima generación de fieles seguidores de Cristo.

EL DISEÑO DE DIOS PARA EL DISCIPULADO GENERACIONAL

Dios siempre ha tenido la intención de que Su verdad sea transmitida intencionalmente de padres a hijos. El discipulado no es accidental; es deliberado.

"Y estas palabras que yo te mando hoy, estarán sobre tu corazón; y las repetirás a tus hijos..." (Deuteronomio 6:6–7)

Este pasaje revela un orden claro:
1. La Palabra de Dios debe habitar primero en el corazón del adulto.
2. Esa Palabra debe ser enseñada intencionalmente a los niños.
3. El discipulado debe entretejerse en la vida diaria.

El discipulado bíblico es, por lo tanto, tanto personal como generacional.

EL PAPEL DE LA FAMILIA EN EL DISCIPULADO

La familia es el primer entorno que Dios estableció para la formación espiritual. Aunque la iglesia apoya y equipa, los padres y tutores tienen la responsabilidad principal de discipular a los niños.

Jesús afirmó el valor espiritual de los niños cuando dijo:

"Dejad a los niños venir a mí, y no se lo impidáis; porque de los tales es el reino de los cielos." (Mateo 19:14)

Los niños no están excluidos del Reino; son bienvenidos en él. Enseñarles a orar, a amar la Palabra de Dios y a obedecer a Cristo forma un fundamento que moldea toda su vida.

Cuando las familias asumen su papel en el discipulado:

- La fe se vive, no solo se enseña
- Los niños aprenden con el ejemplo
- Los hábitos espirituales se forman desde temprano

EL PAPEL DE LA IGLESIA EN EL DISCIPULADO DE LOS NIÑOS

La iglesia local colabora con las familias para nutrir el crecimiento espiritual. A través de la enseñanza, la adoración y la comunión, la iglesia proporciona estructura y guía que refuerzan lo que se enseña en el hogar. La Gran Comisión se aplica a todas las generaciones:

"Por tanto, id, y haced discípulos a todas las naciones... enseñándoles que guarden todas las cosas que os he mandado."
(Mateo 28:19–20)

Equipados para discipular: Guía completa para el crecimiento cristiano

Enseñar "todas las cosas" incluye enseñar a los niños de maneras apropiadas a su nivel de comprensión. Cuando la iglesia invierte en los niños, invierte en su salud espiritual futura.

DISCIPULANDO INTENCIONALMENTE A TRAVÉS DE LAS GENERACIONES
(Reflexión Pastoral)

Un mandato bíblico para el discipulado de por vida
La Escritura llama claramente al pueblo de Dios a transmitir intencionalmente la fe de una generación a otra. El mandato dado en Deuteronomio 6:6–7 revela que el discipulado está destinado a ser continuo, relacional y generacional—enseñado diligentemente, vivido a diario y modelado fielmente en cada etapa de la vida.

Por esta razón, el discipulado nunca debe limitarse solo a la adultez. Una iglesia saludable no discipula a los adultos de manera aislada, sino que capacita a los creyentes para nutrir la fe desde los primeros años de vida hasta la madurez espiritual. Cuando el discipulado está alineado entre edades, la verdad bíblica no se fragmenta, sino que se refuerza a medida que las personas crecen.

La serie **Equipados para Discipular** fue desarrollada para apoyar esta visión, proporcionando recursos de discipulado centrados en la Escritura y apropiados para cada etapa de edad, compartiendo los mismos fundamentos bíblicos presentados en este libro.

Cada etapa se construye sobre la anterior, permitiendo que familias, iglesias y escuelas cristianas caminen juntas dentro de un marco de fe unificado.

UN DISCIPULADO QUE PRODUCE CONTINUIDAD

El discipulado de adultos forma madurez espiritual, pero la verdadera madurez produce naturalmente el deseo de guiar a otros. Cuando los adultos crecen en la fe sin discipular intencionalmente a la próxima generación, la continuidad espiritual se debilita.

Cuando los adultos asumen su rol en discipular a niños, jóvenes y adultos jóvenes, la Iglesia se fortalece a través de las generaciones.

El discipulado bíblico que perdura es aquel que:

- Comienza en el corazón

- Se vive diariamente en el hogar

- Se refuerza consistentemente en la iglesia

- Se enseña con sabiduría apropiada a cada etapa de la vida

- Produce continuidad espiritual en lugar de vacíos espirituales

- La fe que se repite, se modela y se profundiza con el tiempo se convierte en una fe que permanece.

APLICACIÓN PASTORAL

Todo creyente tiene un papel en el discipulado generacional. Ya sea como padre, pastor, maestro, mentor o miembro de la iglesia, los adultos están llamados a ver el discipulado no como una tarea temporal, sino como un llamado de por vida y generacional.

Por lo tanto, se anima a los creyentes a:

- Modelar una vida cristiana coherente y auténtica Enseñar fielmente la Palabra de Dios de manera apropiada para cada edad
- Orar con y por la próxima generación de manera regular
- Apoyar el discipulado de niños, jóvenes y adultos jóvenes dentro de la iglesia local
- Abrazar el discipulado como una responsabilidad compartida entre generaciones

Cuando la Iglesia discipula intencionalmente en cada etapa de la vida, la fe no solo se preserva: se fortalece, se multiplica y se transmite con claridad y convicción.

CUESTIONARIO — CAPÍTULO 7

1. ¿Por qué el discipulado es una responsabilidad generacional?
2. ¿Qué papel desempeña la familia en el discipulado de los niños?
3. ¿Cómo apoya la iglesia el discipulado generacional?
4. ¿Qué enseña la Escritura acerca de enseñar la fe a los niños?
5. ¿Por qué es necesario el discipulado intencional hoy?

EJERCICIO DE DISCIPULADO — CAPÍTULO 7

Reflexiona y responde:

1. Identifica una manera en la que puedes modelar la fe de forma más intencional.
2. Comprométete a orar regularmente por la próxima generación.
3. Elige una práctica bíblica para enseñar a un niño o joven.
4. Apoya el discipulado infantil en tu iglesia local.
5. Pide a Dios que te ayude a convertirte en un ejemplo espiritual fiel.

ORACIÓN GUIADA

Señor Dios, te agradezco por el regalo de la fe y por aquellos que me enseñaron Tu Palabra. Ayúdame a vivir mi fe con integridad y a guiar a otros en los caminos de Cristo. Dame sabiduría, paciencia y amor para invertir en la próxima generación. Que Tu verdad sea preservada y vivida de una generación a otra. En el nombre de Jesús. Amén.

NOTAS PERSONALES Y DESARROLLO DE ASIGNACIONES
Capítulo 7
Notas Personales

Utiliza este espacio para escribir apuntes, ideas, preguntas, revelaciones, versículos, asignaciones o aplicaciones prácticas relacionadas con este capítulo.

"Tu palabra es lámpara a mis pies, y lumbrera a mi camino."
(Salmo 119:105, RVR1960)

Desarrollo de Asignaciones (si aplica)

_____
_____
_____
_____
_____
_____
_____
_____
_____
_____
_____
_____
_____
_____
_____
_____
_____
_____
_____
_____
_____
_____
_____
_____
_____
_____
_____
_____

Fecha: _____

Firma / Iniciales: _____

Equipados para discipular: Guía completa para el crecimiento cristiano

CAPÍTULO 8
SIERVOS EN EL REINO DE DIOS

INTRODUCCIÓN PASTORAL

En el Reino de Dios, **servir no es opcional; es una identidad**. Jesucristo no vino para ser servido, sino para servir, y llamó a Sus seguidores a vivir con ese mismo espíritu. El servicio cristiano fluye del amor y de la gratitud, no de la obligación.

Este capítulo enseña que **todos los creyentes** son llamados a servir, cada uno conforme a los dones y capacidades que Dios les ha confiado, para la **edificación de la Iglesia** y la **expansión del Reino**.

EL PRINCIPIO DEL SERVICIO EN EL REINO

«Porque el Hijo del Hombre no vino para ser servido, sino para servir...» *(Marcos 10:45, RVR1960)*

En el Reino de Dios:
- El liderazgo se expresa a través del servicio
- La grandeza se mide por la humildad
- El valor se encuentra en la fidelidad, no en la posición

RESPONSABILIDAD EN EL REINO DE DIOS

Jesús ilustró la responsabilidad por medio de la parábola de los talentos:

«A uno dio cinco talentos, y a otro dos, y a otro uno, a cada uno conforme a su capacidad...» *(Mateo 25:15, RVR1960)*

Esto enseña que:
- Dios confía algo a cada creyente
- Nadie está excluido del servicio
- Todos darán cuenta de lo que han recibido

DIOS ASIGNA RESPONSABILIDAD SEGÚN LA CAPACIDAD

Dios no compara a Sus hijos; Él espera **fidelidad**.

«Cada uno según el don que ha recibido, minístrelo a los otros...» *(1 Pedro 4:10, RVR1960)*

El servicio cristiano:
- No es competencia
- No es autopromoción
- Es un acto de obediencia y gratitud

SERVIR A DIOS ES SERVIR A LAS PERSONAS

Servir en la iglesia es servir a personas amadas por Dios.

«...en cuanto lo hicisteis a uno de estos mis hermanos más pequeños, a mí lo hicisteis.» *(Mateo 25:40, RVR1960)*

Dios observa:
- Nuestra actitud
- Nuestra fidelidad
- Nuestro corazón

EL SERVICIO COMO EXPRESIÓN DE MADUREZ CRISTIANA

Un creyente maduro:
- No solo recibe, sino que da
- No solo asiste, sino que participa
- No solo aprende, sino que sirve

«Porque somos hechura suya, creados en Cristo Jesús para buenas obras...» *(Efesios 2:10, RVR1960)*

DÓNDE Y CÓMO SERVIR

Servimos a Dios:
- En la iglesia local
- En el hogar
- En el lugar de trabajo
- En la comunidad

Áreas comunes de servicio incluyen:
- Enseñanza
- Evangelismo
- Adoración y música
- Consejería
- Hospitalidad
- Administración
- Apoyo comunitario

EL SERVICIO COMO ESTILO DE VIDA

El servicio no es temporal; es **para toda la vida**.

«Y todo lo que hagáis, hacedlo de corazón, como para el Señor...» *(Colosenses 3:23, RVR1960)*

Nuestro servicio se fundamenta en la **convicción**, no en la conveniencia.

APLICACIÓN PASTORAL PARA LA IGLESIA LOCAL

Todo creyente debería preguntarse:

- ¿Dónde puedo servir?
- ¿Estoy usando mis dones para Dios?
- ¿Sirvo con amor o por obligación?

La iglesia se fortalece cuando **cada miembro cumple su función**.

CUESTIONARIO — CAPÍTULO 8

1. ¿Qué significa ser un siervo en el Reino de Dios?
2. ¿Por qué todos los creyentes son llamados a servir?
3. ¿Cómo determina Dios la responsabilidad?
4. ¿Por qué el servicio es evidencia de madurez espiritual?

EJERCICIO DE DISCIPULADO — CAPÍTULO 8

1. Identifica tus dones y habilidades.
2. Identifica al menos un área donde puedas servir.
3. Escribe para quién y con qué propósito sirves.
4. Reflexiona sobre qué te motiva a servir a Dios.

ORACIÓN GUIADA

Señor Jesús, gracias por mostrarme el camino del servicio. Enséñame a servir con humildad, fidelidad y amor. Muéstrame dónde puedo ser útil en Tu Reino. Que mi vida glorifique Tu nombre mientras sirvo a otros. Amén.

NOTAS PERSONALES Y DESARROLLO DE ASIGNACIONES
Capítulo 8
Notas Personales

Utiliza este espacio para escribir apuntes, ideas, preguntas, revelaciones, versículos, asignaciones o aplicaciones prácticas relacionadas con este capítulo.

"Tu palabra es lámpara a mis pies, y lumbrera a mi camino."
(Salmo 119:105, RVR1960)

Desarrollo de Asignaciones (si aplica)

_____

_____

_____

_____

_____

_____

_____

_____

_____

_____

_____

_____

_____

_____

_____

_____

_____

_____

_____

_____

_____

_____

_____

_____

_____

_____

_____

_____

_____

_____

Fecha: _____

Firma / Iniciales: _____

Equipados para discipular: Guía completa para el crecimiento cristiano

CAPÍTULO 9
LA ORACIÓN: COMUNIÓN VIVA CON DIOS

INTRODUCCIÓN

La oración no es un ritual religioso ni la repetición de palabras memorizadas. La oración es **comunión con Dios**: hablar con Él y aprender a escuchar Su voz. Así como ninguna relación crece sin comunicación, nuestra relación con Dios no puede madurar sin la oración.

Este capítulo guía a los creyentes en el desarrollo de una vida de oración **sencilla, bíblica y perseverante**, accesible tanto para nuevos creyentes como para cristianos maduros.

¿QUÉ ES LA ORACIÓN?

La oración es comunicarnos con Dios por medio de:

- Gratitud
- Confianza
- Confesión
- Súplica
- Adoración

«Clama a mí, y yo te responderé...» *(Jeremías 33:3, RVR1960)*

La oración no cambia a Dios; **la oración nos cambia a nosotros**.

¿POR QUÉ DEBEMOS ORAR?

1. Porque es un mandato de Dios - «Orad sin cesar.» *(1 Tesalonicenses 5:17, RVR1960)*

2. Porque dependemos de Dios - «Yo soy la vid, vosotros los pámpanos... porque separados de mí nada podéis hacer.» *(Juan 15:5, RVR1960)*

3. Porque profundiza nuestra relación con Dios - La oración produce **intimidad, confianza** y **sensibilidad espiritual**.

¿CUÁNDO DEBEMOS ORAR?

La Biblia enseña que la oración debe ser continua:

- En la mañana
- A lo largo del día
- En la noche
- En tiempos de gozo
- En tiempos de prueba

«Es necesario orar siempre, y no desmayar.» *(Lucas 18:1, RVR1960)*

¿CÓMO DEBEMOS ORAR?
EL MODELO DE JESÚS

Jesús dio un modelo completo de oración: **«Vosotros, pues, oraréis así...»** *(Mateo 6:9, RVR1960)*

Este modelo enseña **estructura, equilibrio** y **prioridades espirituales**.

1. **«Padre nuestro que estás en los cielos»**
   La oración se dirige al Padre, y el acceso a Él es posible únicamente por medio de Jesucristo.

«Nadie viene al Padre, sino por mí.» *(Juan 14:6, RVR1960)*

2. **«Santificado sea tu nombre»** Adoramos a Dios por quien Él es: santo y digno.
3. **«Venga tu reino»** - Oramos para que el gobierno de Dios se manifieste en cada área de la vida.
4. **«Hágase tu voluntad»** - La oración requiere humildad y sujeción.
5. **«El pan nuestro de cada día, dánoslo hoy»** - Presentamos nuestras necesidades diarias, confiando en la provisión de Dios.
6. **«Perdónanos nuestras deudas»** - Recibimos el perdón de Dios y extendemos perdón a otros.
7. **«No nos metas en tentación»** - Pedimos fortaleza y protección espiritual.
8. **«Mas líbranos del mal»** - Reconocemos nuestra dependencia del poder de Dios.
9. **«Porque tuyo es el reino, y el poder, y la gloria»** - Concluimos con confianza y alabanza, dándole gracias a Dios por todo.
10. **«Amén»** - Significa: *Así sea* — una declaración de fe.

¿QUIÉN PUEDE ORAR?

- Los creyentes, para mantener comunión con Dios
- Los no creyentes, cuando se acercan a Dios con arrepentimiento sincero

«Porque es necesario que el que se acerca a Dios crea que le hay...» *(Hebreos 11:6, RVR1960)*

UNA VIDA DE ORACIÓN TRANSFORMA AL CREYENTE

La oración:
- Fortalece la fe
- Produce paz
- Provee dirección
- Forma madurez espiritual

APLICACIÓN PASTORAL PARA LA IGLESIA LOCAL

Una iglesia que ora:
- Es espiritualmente fuerte
- Camina en unidad
- Discierne la voluntad de Dios
- Impacta a su comunidad

CUESTIONARIO — CAPÍTULO 9
1. ¿Qué es la oración?
2. ¿Por qué debemos orar?
3. ¿Cuándo debemos orar?
4. ¿Qué nos enseña el modelo de oración de Jesús?

EJERCICIO DE DISCIPULADO — CAPÍTULO 9
1. Escribe tres cosas por las cuales estás agradecido.
2. Identifica tres necesidades que debes presentar a Dios en oración.
3. Escribe una oración siguiendo el modelo de Jesús.
4. Comienza un diario de oración y registra las respuestas de Dios.

ORACIÓN GUIADA

Padre celestial, gracias porque puedo acercarme a Ti con confianza. Enséñame a orar con fe y perseverancia. Que mi vida esté alineada con Tu voluntad y que mi comunión contigo crezca cada día. En el nombre de Jesús. Amén.

NOTAS PERSONALES Y DESARROLLO DE ASIGNACIONES
Capítulo 9
Notas Personales

Utiliza este espacio para escribir apuntes, ideas, preguntas, revelaciones, versículos, asignaciones o aplicaciones prácticas relacionadas con este capítulo.

"Tu palabra es lámpara a mis pies, y lumbrera a mi camino." *(Salmo 119:105, RVR1960)*

Desarrollo de Asignaciones (si aplica)

_____

_____

_____

_____

_____

_____

_____

_____

_____

_____

_____

_____

_____

_____

_____

_____

_____

_____

_____

_____

_____

_____

_____

_____

_____

_____

_____

_____

Fecha: _____

Firma / Iniciales: _____

Equipados para discipular: Guía completa para el crecimiento cristiano

CAPÍTULO 10
LA ADORACIÓN: VIVIR PARA LA GLORIA DE DIOS

INTRODUCCIÓN

La adoración es el corazón de la vida cristiana. No se limita a la música ni a un momento dentro de un servicio; la adoración es una **respuesta del corazón** a quién es Dios.

«Mas la hora viene, y ahora es, cuando los verdaderos adoradores adorarán al Padre en espíritu y en verdad...» *(Juan 4:23, RVR1960)*

Dios busca adoradores que vivan vidas rendidas, no espectadores.

¿QUÉ ES LA ADORACIÓN?

La palabra adoración proviene del griego *proskuneō*, que significa **postrarse, rendirse y expresar reverencia.**

Adorar es:
- Reconocer la grandeza de Dios
- Rendir nuestra voluntad
- Honrar a Dios por quién Él es

La adoración no es un evento; es una **actitud del corazón**.

¿QUIÉN PUEDE ADORAR A DIOS?

«Dios es Espíritu; y los que le adoran, en espíritu y en verdad es necesario que adoren.» *(Juan 4:24, RVR1960)*

La verdadera adoración fluye de una relación restaurada con Dios por medio de Jesucristo y de la obediencia a Su Palabra.

¿CÓMO DEBEMOS ADORAR A DIOS?

1. En espíritu - «Pero el que se une al Señor, un espíritu es con él.» *(1 Corintios 6:17, RVR1960)*
2. En verdad - «Santifícalos en tu verdad; tu palabra es verdad.» *(Juan 17:17, RVR1960)*

La adoración bíblica:
- Está alineada con las Escrituras
- Es guiada por el Espíritu Santo
- Glorifica a Dios, no a las personas

LA ADORACIÓN COMO ESTILO DE VIDA

La verdadera adoración continúa más allá del servicio en la iglesia.

« Así que, hermanos, os ruego por las misericordias de Dios, que presentéis vuestros cuerpos en sacrificio vivo, santo, agradable a Dios, que es vuestro culto racional.» *(Romanos 12:1, RVR1960)*

La obediencia, el servicio y las decisiones diarias son expresiones de adoración.

¿POR QUÉ DEBEMOS ADORAR A DIOS?
- Porque Dios lo desea
- Porque fuimos creados para Su gloria
- Porque la adoración alinea nuestro corazón con Dios
- Porque la adoración transforma nuestras vidas

ADORACIÓN Y TRANSFORMACIÓN PERSONAL
La adoración:
- Renueva la mente
- Restaura el corazón
- Fortalece la fe
- Produce humildad

Equipados para discipular: Guía completa para el crecimiento cristiano

Cuando Dios es exaltado, las vidas son transformadas.

APLICACIÓN PASTORAL PARA LA IGLESIA LOCAL

Una iglesia que adora:

- Busca agradar a Dios, no a las personas
- Camina en santidad
- Construye en unidad
- Impacta a su comunidad

La adoración correcta produce una vida transformada.

CUESTIONARIO — CAPÍTULO 10

1. ¿Qué es la adoración bíblica?
2. ¿Quién puede adorar a Dios?
3. ¿Qué significa adorar en espíritu y en verdad?
4. ¿Por qué la adoración debe ser un estilo de vida?

EJERCICIO DE DISCIPULADO — CAPÍTULO 10

1. Escribe tres razones por las cuales adoras a Dios.
2. Identifica maneras prácticas de adorar a Dios diariamente.
3. Examina tu vida: ¿refleja adoración hacia Dios?
4. Escribe una oración personal de adoración.

ORACIÓN GUIADA

Señor Dios, recibe mi vida como adoración a Ti. Deseo honrarte no solo con palabras, sino con cada decisión y cada acción. Forma en mí un corazón que te adore en espíritu y en verdad. Amén.

NOTAS PERSONALES Y DESARROLLO DE ASIGNACIONES
Capítulo 10
Notas Personales

Utiliza este espacio para escribir apuntes, ideas, preguntas, revelaciones, versículos, asignaciones o aplicaciones prácticas relacionadas con este capítulo.

"Tu palabra es lámpara a mis pies, y lumbrera a mi camino."
(Salmo 119:105, RVR1960)

Desarrollo de Asignaciones (si aplica)

_____
_____
_____
_____
_____
_____
_____
_____
_____
_____
_____
_____
_____
_____
_____
_____
_____
_____
_____
_____
_____
_____
_____
_____
_____
_____
_____
_____
_____
_____
_____

Fecha: _____

Firma / Iniciales: _____

CAPÍTULO 11
LA ALABANZA: CELEBRANDO LAS OBRAS DE DIOS

INTRODUCCIÓN PASTORAL

La alabanza es una expresión gozosa y pública de gratitud a Dios por lo que Él ha hecho, lo que está haciendo y lo que hará. Mientras la adoración exalta a Dios por quién Él es, la alabanza celebra Sus obras, Su fidelidad y Su poder manifestado en nuestras vidas.

«Bendeciré a Jehová en todo tiempo; su alabanza estará de continuo en mi boca.» *(Salmos 34:1, RVR1960)*

Dios desea que Su pueblo viva con una actitud continua de alabanza, independientemente de las circunstancias.

¿QUÉ ES LA ALABANZA?

La palabra alabanza expresa exaltación, celebración y proclamación pública de la bondad de Dios.

Alabar a Dios es:

- Reconocer lo que Él ha hecho
- Declarar Su bondad
- Testificar de Su poder

«Alabadle por sus proezas...» *(Salmos 150:2, RVR1960)*

¿POR QUÉ DEBEMOS ALABAR A DIOS?

1. Porque es un mandato - «Todo lo que respira alabe a JAH.» *(Salmos 150:6, RVR1960)*
2. Porque fuimos creados para Su gloria - «Porque tú creaste todas las cosas, y por tu voluntad existen y fueron creadas.» *(Apocalipsis 4:11, RVR1960)*
3. Porque la alabanza atrae la presencia de Dios - «Pero tú eres santo, tú que habitas entre las alabanzas de Israel.» *(Salmos 22:3, RVR1960)*

EL PODER ESPIRITUAL DE LA ALABANZA

La alabanza:
- Rompe cadenas
- Trae libertad
- Fortalece la fe
- Declara victoria

Ejemplos bíblicos

✓ **Pablo y Silas en la cárcel**

«Pero a medianoche, orando Pablo y Silas, cantaban himnos a Dios; y los presos los oían. Entonces sobrevino de repente un gran terremoto, de tal manera que los cimientos de la cárcel se sacudían; y al instante se abrieron todas las puertas, y las cadenas de todos se soltaron.» *(Hechos 16:25-26, RVR1960)*

✓ **Judá en la batalla**

«Y cuando comenzaron a entonar cantos de alabanza, Jehová puso contra los hijos de Amón...» *(2 Crónicas 20:22, RVR1960)*

¿DÓNDE Y CUÁNDO DEBEMOS ALABAR A DIOS?

¿Dónde?

- En la iglesia
- En el hogar
- En todo lugar

«Alabad a Dios en su santuario...» *(Salmos 150:1, RVR1960)*

¿Cuándo?

- En todo tiempo
- En temporadas de gozo y en momentos difíciles

¿QUIÉN DEBE ALABAR A DIOS?

Todos.

«Todo lo que respira alabe a JAH.» *(Salmos 150:6, RVR1960)*

¿CÓMO DEBEMOS ALABAR A DIOS?

La Biblia presenta muchas expresiones de alabanza:

- Cantar
- Instrumentos musicales
- Palmas
- Regocijo
- Con todo el corazón

«Te alabaré con todo mi corazón...» *(Salmos 138:1, RVR1960)*

La alabanza es guiada por la Escritura, no únicamente por la preferencia personal.

LA ALABANZA COMO ESTILO DE VIDA

La alabanza no es solo música; es una actitud de gratitud, fe y confianza. Una vida agradecida honra a Dios.

APLICACIÓN PASTORAL PARA LA IGLESIA LOCAL

Una iglesia que alaba:
- Camina en gozo
- Vive en victoria
- Fortalece la fe
- Testifica del poder de Dios

CUESTIONARIO — CAPÍTULO 11

1. ¿Qué es la alabanza?
2. ¿Por qué debemos alabar a Dios?
3. ¿Cuándo y dónde debemos alabar a Dios?
4. ¿Cómo describe la Biblia la alabanza?

EJERCICIO DE DISCIPULADO — CAPÍTULO 11

1. Escribe tres cosas que Dios ha hecho por ti.
2. Escribe una alabanza personal a Dios.
3. Identifica maneras prácticas de alabar a Dios diariamente.
4. Alaba a Dios intencionalmente durante esta semana.

ORACIÓN GUIADA

Señor Dios, te alabo por Tu bondad, Tu fidelidad y Tu poder. Aun en medio de las pruebas, elijo alabarte y confiar en Ti. Que mi vida sea una alabanza continua para Tu gloria. **Amén.**

NOTAS PERSONALES Y DESARROLLO DE ASIGNACIONES
Capítulo 11
Notas Personales

Utiliza este espacio para escribir apuntes, ideas, preguntas, revelaciones, versículos, asignaciones o aplicaciones prácticas relacionadas con este capítulo.

"Tu palabra es lámpara a mis pies, y lumbrera a mi camino." *(Salmo 119:105, RVR1960)*

Desarrollo de Asignaciones (si aplica)

_____
_____
_____
_____
_____
_____
_____
_____
_____
_____
_____
_____
_____
_____
_____
_____
_____
_____
_____
_____
_____
_____
_____
_____
_____
_____
_____
_____
_____
_____

Fecha: _____

Firma / Iniciales: _____

Equipados para discipular: Guía completa para el crecimiento cristiano

CAPÍTULO 12
LA MAYORDOMÍA CRISTIANA: HONRANDO A DIOS CON NUESTROS RECURSOS

INTRODUCCIÓN

La mayordomía cristiana no se trata solamente de dinero; se trata del **corazón**. Jesús enseñó extensamente acerca de los recursos porque sabía que donde está nuestro tesoro, allí estará también nuestro corazón.

«De Jehová es la tierra y su plenitud...» *(Salmos 24:1, RVR1960)*

Este capítulo forma creyentes que comprenden que **todo lo que tienen proviene de Dios** y que la administración fiel es una expresión de **obediencia y gratitud**.

TODO PERTENECE A DIOS

«Mía es la plata, y mío es el oro, dice Jehová de los ejércitos.» *(Hageo 2:8, RVR1960)*

No somos dueños, sino **mayordomos**. Dios nos confía recursos para administrarlos con sabiduría y propósito eterno.

¿QUÉ ES LA MAYORDOMÍA CRISTIANA?

La mayordomía es la responsabilidad de administrar fielmente todo lo que Dios nos ha confiado:
- Tiempo
- Talentos
- Finanzas
- Oportunidades
- Influencia

«Ahora bien, se requiere de los administradores, que cada uno sea hallado fiel.» *(1 Corintios 4:2, RVR1960)*

Equipados para discipular: Guía completa para el crecimiento cristiano

DIOS DA LA CAPACIDAD PARA PROSPERAR

«Acuérdate de Jehová tu Dios, porque él te da el poder para hacer las riquezas...» *(Deuteronomio 8:18, RVR1960)*

La prosperidad bíblica es **provisión con propósito**, no acumulación egoísta.

DAR COMO ACTO DE ADORACIÓN

1. Ofrendas - «Dad, y se os dará...» *(Lucas 6:38, RVR1960)* Dios mide el **corazón**, no la cantidad.

2. El diezmo - «Traed todos los diezmos al alfolí...» *(Malaquías 3:10, RVR1960)* El diezmo enseña dependencia de Dios, prioridades correctas y fidelidad.

3. Las primicias- «Honra a Jehová con tus bienes, y con las primicias de todos tus frutos.» *(Proverbios 3:9, RVR1960)* Dar primicias declara que Dios es **lo primero**.

¿DÓNDE DEBEMOS DAR?

«Para que haya alimento en mi casa...» *(Malaquías 3:10, RVR1960)*

Las Escrituras enseñan que los creyentes llevan sus recursos a la **iglesia local**, donde son enseñados, pastoreados y cuidados espiritualmente.

LAS BENDICIONES DE LA MAYORDOMÍA FIEL

«Mi Dios, pues, **suplirá todo lo que os falta conforme a sus riquezas en gloria en Cristo Jesús.**» *(Filipenses 4:19, RVR1960)*

Dios promete **provisión, paz y gozo** a los mayordomos fieles.

ADVERTENCIA PASTORAL

La mayordomía cristiana:

- No es manipulación
- No es presión
- No es una transacción con Dios

«**Dios ama al dador alegre.**» *(2 Corintios 9:7, RVR1960)*

APLICACIÓN PASTORAL PARA LA IGLESIA LOCAL

Todo creyente debería preguntarse:

- ¿Administro bien lo que Dios me ha dado?
- ¿Honro a Dios con mis recursos?
- ¿Vivo con generosidad y gratitud?

CUESTIONARIO — CAPÍTULO 12

1. ¿Qué es la mayordomía cristiana?
2. ¿Por qué todo pertenece a Dios?
3. ¿Qué enseña la Biblia acerca de los diezmos y las ofrendas?
4. ¿Dónde deben entregarse los recursos?

EJERCICIO DE DISCIPULADO — CAPÍTULO 12

1. Evalúa cómo administras tu tiempo y tus recursos.
2. Ora y establece un plan fiel de mayordomía.
3. Escribe una oración entregando tus finanzas a Dios.
4. Practica la generosidad intencional esta semana.

ORACIÓN GUIADA

Señor Dios, reconozco que todo lo que tengo proviene de Ti. Enséñame a administrar con fidelidad y sabiduría. Quita el temor y la avaricia de mi corazón, y forma en mí un espíritu generoso. Que mis recursos te honren y bendigan a otros. **Amén.**

NOTAS PERSONALES Y DESARROLLO DE ASIGNACIONES
Capítulo 12
Notas Personales

Utiliza este espacio para escribir apuntes, ideas, preguntas, revelaciones, versículos, asignaciones o aplicaciones prácticas relacionadas con este capítulo.

"Tu palabra es lámpara a mis pies, y lumbrera a mi camino."
(Salmo 119:105, RVR1960)

Desarrollo de Asignaciones (si aplica)

_____

_____

_____

_____

_____

_____

_____

_____

_____

_____

_____

_____

_____

_____

_____

_____

_____

_____

_____

_____

_____

_____

_____

_____

_____

_____

_____

_____

_____

Fecha: _____

Firma / Iniciales: _____

Equipados para discipular: Guía completa para el crecimiento cristiano

CAPÍTULO 13
EL FRUTO DEL ESPÍRITU SANTO: UNA VIDA TRANSFORMADA

INTRODUCCIÓN

Dios no solo desea que seamos salvos, sino que seamos **transformados**. La evidencia más clara de una vida gobernada por el Espíritu Santo no es únicamente el conocimiento o la actividad, sino un **carácter que refleja a Cristo**.

«Por sus frutos los conoceréis.» *(Mateo 7:16, RVR1960)*

El fruto del Espíritu Santo es la evidencia visible de la obra interna de Dios en el creyente.

DIOS ESPERA FRUTO EN NUESTRAS VIDAS

Desde el principio, Dios estableció el principio de la fructificación.

«Fructificad y multiplicaos...» *(Génesis 1:28, RVR1960)*

Espiritualmente, dar fruto significa reflejar el carácter de Dios, impactar a otros y glorificar a Dios.

¿QUÉ ES EL FRUTO DEL ESPÍRITU SANTO?

El fruto del Espíritu es el **carácter de Cristo** formado en el creyente por medio de la obra del Espíritu Santo.

«Mas el fruto del Espíritu es amor, gozo, paz, paciencia, benignidad, bondad, fe, mansedumbre, templanza...»
(Gálatas 5:22–23, RVR1960)

La Escritura habla de **un solo fruto** con múltiples expresiones, no de frutos separados.

LAS MANIFESTACIONES DEL FRUTO

1. **Amor** — amor que elige ayudar a otros que están en necesidad - **«En esto conocerán todos que sois mis discípulos...»**
   (Juan 13:35, RVR1960)
2. **Gozo** — gozo arraigado en la confianza en Dios - **«El gozo de Jehová es vuestra fuerza.»**
   (Nehemías 8:10, RVR1960)
3. **Paz** — descanso interior que proviene de la reconciliación con Dios
4. **Paciencia** — perseverancia paciente
5. **Benignidad** — amabilidad y compasión
6. **Bondad** — integridad moral
7. **Fe** — fidelidad y confianza
8. **Mansedumbre** — fuerza bajo control
9. **Templanza** — dominio propio

CÓMO SE DESARROLLA EL FRUTO DEL ESPÍRITU

El fruto se produce al **permanecer en Cristo**.

«Yo soy la vid, vosotros los pámpanos... el que permanece en mí, y yo en él, éste lleva mucho fruto.» *(Juan 15:5, RVR1960)*

El Espíritu Santo produce fruto cuando:
- Caminamos en obediencia
- Recibimos corrección
- Renovamos nuestra mente
- Practicamos la Palabra

FRUTO Y DONES
- Los dones se reciben de manera inmediata
- El fruto se desarrolla progresivamente

Dios valora el **carácter** por encima de la habilidad.

APLICACIÓN PASTORAL PARA LA IGLESIA LOCAL

Una iglesia fructífera:
- Refleja el carácter de Cristo
- Camina en unidad
- Da un testimonio sólido
- Impacta a su comunidad

CUESTIONARIO — CAPÍTULO 13

1. ¿Qué espera Dios de los creyentes?
2. ¿Qué es el fruto del Espíritu Santo?
3. ¿Cuáles son las manifestaciones del fruto?
4. ¿Cómo se desarrolla el fruto?

EJERCICIO DE DISCIPULADO — CAPÍTULO 13

1. Identifica cuáles áreas del fruto ves en tu vida.
2. Identifica las áreas donde necesitas crecimiento.
3. Ora por transformación por medio del Espíritu Santo.
4. Practica intencionalmente una de las áreas del fruto esta semana.

ORACIÓN GUIADA

Espíritu Santo, rindo mi corazón a Tu obra transformadora. Forma en mí el carácter de Cristo. Ayúdame a caminar en amor, gozo y paz. Que mi vida lleve fruto que glorifique a Dios y bendiga a otros. **Amén.**

NOTAS PERSONALES Y DESARROLLO DE ASIGNACIONES
Capítulo 13
Notas Personales

Utiliza este espacio para escribir apuntes, ideas, preguntas, revelaciones, versículos, asignaciones o aplicaciones prácticas relacionadas con este capítulo.

"Tu palabra es lámpara a mis pies, y lumbrera a mi camino."
(Salmo 119:105, RVR1960)

Desarrollo de Asignaciones (si aplica)

_____
_____
_____
_____
_____
_____
_____
_____
_____
_____
_____
_____
_____
_____
_____
_____
_____
_____
_____
_____
_____
_____
_____
_____
_____
_____
_____
_____
_____
_____

Fecha: _____

Firma / Iniciales: _____

CAPÍTULO 14
LOS DONES DEL ESPÍRITU SANTO: EQUIPADOS PARA SERVIR

INTRODUCCIÓN

Dios no solo transforma nuestro carácter por medio del fruto del Espíritu, sino que también nos **capacita con dones espirituales** para servir a otros.

Estos dones existen para **edificar a la Iglesia** y **glorificar a Dios**, no para exaltar a individuos.

«Pero a cada uno le es dada la manifestación del Espíritu para provecho.» *(1 Corintios 12:7, RVR1960)*

MANIFESTACIÓN Y ORDEN

Los dones espirituales deben operar con **madurez y orden**.

«Hágase todo para edificación.» *(1 Corintios 14:26, RVR1960)*

La manifestación es la obra soberana del Espíritu Santo; la reacción es la respuesta humana. La madurez espiritual se mide por la **edificación**, no por la exhibición externa.

LOS DONES PERSONALES DEL ESPÍRITU SANTO

La Biblia identifica **nueve dones personales**:

«Pero todas estas cosas las hace uno y el mismo Espíritu...» *(1 Corintios 12:11, RVR1960)*

DONES DE REVELACIÓN

✓ **Palabra de sabiduría:** Capacidad sobrenatural dada por el Espíritu Santo para aplicar la verdad divina con dirección de Dios a situaciones específicas.

✓ **Palabra de ciencia:** Revelación sobrenatural de información que no puede conocerse por medios naturales, dada para edificación, dirección y confirmación de la verdad.

✓ **Discernimiento de espíritus:** Capacidad espiritual para reconocer la fuente detrás de la actividad espiritual —si proviene de Dios, de influencia humana o de origen demoníaco.

DONES DE INSPIRACIÓN

✓ **Profecía:** Mensaje inspirado por Dios que edifica, exhorta y consuela a los creyentes, siempre en armonía con las Escrituras y el orden espiritual. La profecía puede revelar lo que ha de venir, pero su propósito es siempre edificar, guiar y fortalecer al pueblo de Dios en el presente

✓ **Diversos géneros de lenguas:** Capacidad sobrenatural para hablar en idiomas no aprendidos naturalmente, usada para la oración, la edificación personal o el mensaje público.

✓ **Interpretación de lenguas:** Capacidad espiritual dada por el Espíritu Santo para comunicar el significado de un mensaje hablado en lenguas, a fin de que la iglesia sea edificada.

DONES DE PODER

- ✓ **Fe:** Manifestación sobrenatural de confianza en Dios que capacita al creyente para creer sin dudar en circunstancias imposibles.

- ✓ **Dones de sanidades:** Capacidades sobrenaturales por medio de las cuales Dios restaura la salud física, emocional o espiritual conforme a Su voluntad.

- ✓ **Operación de milagros:** Manifestación del poder divino que produce actos sobrenaturales más allá de las leyes naturales, revelando la autoridad y la gloria de Dios.

ORDEN Y MADUREZ EN EL USO DE LOS DONES

«Y los espíritus de los profetas están sujetos a los profetas.» *(1 Corintios 14:32, RVR1960)*

El Espíritu Santo **nunca elimina el dominio propio** del creyente.

DONES MINISTERIALES

«Y él mismo constituyó a unos, apóstoles; a otros, profetas; a otros, evangelistas; a otros, pastores y maestros.» *(Efesios 4:11, RVR1960)*

Estos dones existen para:

«A fin de perfeccionar a los santos para la obra del ministerio, para la edificación del cuerpo de Cristo.» *(Efesios 4:12, RVR1960)*

LOS CINCO DONES MINISTERIALES

1. **Apóstol** — enviado para establecer y fortalecer iglesias
2. **Profeta** — habla edificación, exhortación y consolación. La profecía puede revelar lo que ha de venir, pero su propósito es siempre edificar, guiar y fortalecer al pueblo de Dios en el presente.
3. **Evangelista** — proclama el Evangelio a los perdidos
4. **Pastor** — pastorea y cuida el rebaño - «**Apacentad la grey de Dios que está entre vosotros...**» *(1 Pedro 5:2, RVR1960)*
5. **Maestro** — establece a los creyentes en la doctrina

FRUTO Y DONES: UN EQUILIBRIO NECESARIO

- Los dones pueden operar rápidamente
- El fruto se desarrolla con el tiempo

«Si yo hablase lenguas humanas y angélicas... y no tengo amor, nada soy.» *(1 Corintios 13:1–2, RVR1960)*

Dios busca **poder con carácter.**

APLICACIÓN PASTORAL PARA LA IGLESIA LOCAL

Una iglesia madura:

- Enseña los dones con equilibrio
- Promueve el orden y el amor
- Valora el carácter tanto como el poder

Todo creyente debe buscar los dones con humildad y usarlos para el servicio.

CUESTIONARIO — CAPÍTULO 14

1. ¿Cuál es el propósito de los dones espirituales?
2. ¿Cuál es la diferencia entre manifestación y reacción?
3. ¿Cuáles son los dones personales del Espíritu?
4. ¿Cuáles son los dones ministeriales?

EJERCICIO DE DISCIPULADO — CAPÍTULO 14

1. Identifica los dones que crees que Dios te ha dado.
2. Ora por sabiduría y madurez en su uso.
3. Explica cómo los dones deben edificar a la Iglesia.
4. Comprométete a usar tus dones con amor y orden.

ORACIÓN GUIADA

Espíritu Santo, gracias por equipar a Tu Iglesia con dones espirituales. Enséñame a usarlos con humildad, amor y sabiduría. Que todo lo que haga edifique a otros y glorifique a Jesucristo. **Amén.**

NOTAS PERSONALES Y DESARROLLO DE ASIGNACIONES
Capítulo 14
Notas Personales

Utiliza este espacio para escribir apuntes, ideas, preguntas, revelaciones, versículos, asignaciones o aplicaciones prácticas relacionadas con este capítulo.

"Tu palabra es lámpara a mis pies, y lumbrera a mi camino." *(Salmo 119:105, RVR1960)*

Desarrollo de Asignaciones (si aplica)

_____
_____
_____
_____
_____
_____
_____
_____
_____
_____
_____
_____
_____
_____
_____
_____
_____
_____
_____
_____
_____
_____
_____
_____
_____
_____
_____
_____

Fecha: _____

Firma / Iniciales: _____

CAPÍTULO 15
EVANGELISMO: COMPARTIENDO EL EVANGELIO CON AMOR Y VERDAD

INTRODUCCIÓN

El evangelismo no está reservado solo para pastores o líderes; es el **llamado de todo creyente**. Compartir el Evangelio no es imponer una creencia, sino proclamar con amor la esperanza que hemos recibido en Jesucristo.

«Id por todo el mundo y predicad el evangelio a toda criatura.» *(Marcos 16:15, RVR1960)*

La Iglesia existe para continuar la misión de Cristo: **buscar y salvar lo que se había perdido**.

¿QUÉ ES EL EVANGELISMO?

La palabra *evangelismo* proviene de *euangelion*, que significa **buenas nuevas**.

El Evangelio declara que:

- Dios ama a la humanidad
- Cristo murió por nuestros pecados
- El perdón y la salvación están disponibles
- La vida eterna se halla en Jesucristo

«Porque de tal manera amó Dios al mundo, que ha dado a su Hijo unigénito...» *(Juan 3:16, RVR1960)*

¿POR QUÉ DEBEMOS EVANGELIZAR?

1. Porque Jesús lo mandó- «Por tanto, id, y haced discípulos a todas las naciones...» *(Mateo 28:19, RVR1960)*

2. Porque las personas necesitan salvación- « ¿Cómo, pues, invocarán a aquel en el cual no han creído?» *(Romanos 10:14, RVR1960)*

3. Porque somos embajadores de Cristo - «Así que, somos embajadores en nombre de Cristo...» *(2 Corintios 5:20, RVR1960)*

¿A QUIÉNES Y DÓNDE EVANGELIZAMOS?

Somos llamados a evangelizar a:
- La familia
- Los amigos
- Los vecinos
- Los compañeros de trabajo
- A toda persona que Dios ponga en nuestro camino –

«...me seréis testigos...» *(Hechos 1:8, RVR1960)*

El evangelismo comienza **localmente** y se extiende **globalmente**.

CÓMO COMPARTIR EL EVANGELIO DE MANERA PASTORAL

El evangelismo no es debatir, sino:

- Escuchar con respeto
- Amar con sinceridad
- Hablar la verdad con mansedumbre
- Vivir como testimonio

«Estad siempre preparados para presentar defensa... con mansedumbre y reverencia.» *(1 Pedro 3:15, RVR1960)*

Equipados para discipular: Guía completa para el crecimiento cristiano

RESPONDIENDO PREGUNTAS COMUNES

✓ **¿Soy salvo por buenas obras? - «Porque por gracia sois salvos por medio de la fe... no por obras.»** *(Efesios 2:8–9, RVR1960)*

✓ **¿Puedo ir al cielo por ser una buena persona? - «Por cuanto todos pecaron...»** *(Romanos 3:23, RVR1960)*

✓ **¿Puedo aceptar a Cristo más adelante? - «He aquí ahora el tiempo aceptable; he aquí ahora el día de salvación.»** *(2 Corintios 6:2, RVR1960)*

✓ **¿Pueden ser perdonados mis pecados? - «Si confesamos nuestros pecados...»** *(1 Juan 1:9, RVR1960)*

✓ **¿Es necesario congregarse? - «No dejando de congregarnos...»** *(Hebreos 10:25, RVR1960)*

EVANGELISMO Y DISCIPULADO

El evangelismo no termina con la conversión. Jesús nos mandó a **hacer discípulos.**

«...enseñándoles que guarden todas las cosas que os he mandado...» *(Mateo 28:20, RVR1960)*

APLICACIÓN PASTORAL PARA LA IGLESIA LOCAL

Una iglesia evangelística:
- Ama a las personas
- Sale más allá de sus paredes
- Vive el Evangelio
- Hace discípulos

Todo creyente es **misionero** en su entorno.

Equipados para discipular: Guía completa para el crecimiento cristiano

CUESTIONARIO — CAPÍTULO 15

1. ¿Qué es el evangelismo?
2. ¿Por qué todos los creyentes deben evangelizar?
3. ¿Cómo podemos compartir el Evangelio con amor y respeto?
4. ¿Cómo se relacionan el evangelismo y el discipulado?

EJERCICIO DE DISCIPULADO — CAPÍTULO 15

1. Escribe el nombre de una persona por la cual orarás.
2. Comparte tu testimonio personal.
3. Invita a alguien a la iglesia.
4. Camina espiritualmente junto a esa persona.

ORACIÓN GUIADA

Señor Jesús, dame Tu corazón por las almas. Llena mi vida de amor, valor y sabiduría para compartir Tu Evangelio. Usa mi vida como instrumento de esperanza para que otros te conozcan. **Amén.**

NOTAS PERSONALES Y DESARROLLO DE ASIGNACIONES
Capítulo 15
Notas Personales

Utiliza este espacio para escribir apuntes, ideas, preguntas, revelaciones, versículos, asignaciones o aplicaciones prácticas relacionadas con este capítulo.

"Tu palabra es lámpara a mis pies, y lumbrera a mi camino."
(Salmo 119:105, RVR1960)

Desarrollo de Asignaciones (si aplica)

_____
_____
_____
_____
_____
_____
_____
_____
_____
_____
_____
_____
_____
_____
_____
_____
_____
_____
_____
_____
_____
_____
_____
_____
_____
_____
_____
_____

Fecha: _____

Firma / Iniciales: _____

CAPÍTULO 16
EL CIELO Y EL INFIERNO: UNA DECISIÓN ETERNA

INTRODUCCIÓN

Toda persona vivirá para siempre. La pregunta no es si la eternidad existe, sino **dónde** se pasará la eternidad. Las Escrituras enseñan claramente que después de esta vida viene el juicio y un destino eterno.

«Y de la manera que está establecido para los hombres que mueran una sola vez, y después de esto el juicio.» *(Hebreos 9:27, RVR1960)*

LA ETERNIDAD ES REAL

«Porque de tal manera amó Dios al mundo, que ha dado a su Hijo unigénito, para que todo aquel que en él cree, no se pierda, mas tenga vida eterna.» *(Juan 3:16, RVR1960)*

La vida en la tierra es temporal, pero el alma es eterna. La Escritura revela **dos destinos eternos**: el cielo o el infierno.

¿QUÉ ES EL CIELO?

El cielo es el lugar preparado por Dios para aquellos que han creído en Jesucristo.

«En la casa de mi Padre muchas moradas hay… voy, pues, a preparar lugar para vosotros.» *(Juan 14:2, RVR1960)*

El cielo es:
- Un lugar real
- La presencia eterna de Dios
- Un lugar de gozo y paz
- Libre de dolor, tristeza y muerte

«Enjugará Dios toda lágrima de los ojos de ellos...»
(Apocalipsis 21:4, RVR1960)

¿QUIÉNES IRÁN AL CIELO?

«Jesús le dijo: Yo soy el camino, y la verdad, y la vida; nadie viene al Padre, sino por mí.» *(Juan 14:6, RVR1960)*

La entrada al cielo se obtiene por medio del **arrepentimiento y la fe en Jesucristo.**

¿QUÉ ES EL INFIERNO?

El infierno es un lugar real de **separación eterna de Dios.**
«...al fuego eterno preparado para el diablo y sus ángeles.» *(Mateo 25:41, RVR1960)*

El infierno no fue creado para la humanidad, pero quienes rechazan a Cristo **eligen** la separación de Dios.

¿CÓMO DESCRIBE LA BIBLIA EL INFIERNO?

«E irán éstos al castigo eterno...» *(Mateo 25:46, RVR1960)*

El infierno es un lugar de separación consciente y sin esperanza.

EL DESEO DE DIOS ES LA SALVACIÓN

«El Señor... no queriendo que ninguno perezca, sino que todos procedan al arrepentimiento.» *(2 Pedro 3:9, RVR1960)*

Dios desea la salvación de todos, pero **respeta la decisión humana.**

LA DECISIÓN ES PERSONAL Y URGENTE

«He aquí ahora el tiempo aceptable; he aquí ahora el día de salvación.» *(2 Corintios 6:2, RVR1960)*

No existe una segunda oportunidad después de la muerte.

CÓMO ASEGURAR EL CIELO HOY

«Que si confesares con tu boca que Jesús es el Señor, y creyeres en tu corazón que Dios le levantó de los muertos, serás salvo.» *(Romanos 10:9–10, RVR1960)*

LLAMADO PASTORAL A LA DECISIÓN

Si murieras hoy, ¿dónde pasarías la eternidad?
Cristo murió por ti. El cielo está disponible. **La decisión es tuya.**

ORACIÓN DE SALVACIÓN

Señor Jesús, reconozco que soy pecador y que necesito Tu perdón. Creo que moriste por mí y que resucitaste al tercer día. Hoy te recibo como mi Señor y Salvador. Escribe mi nombre en el libro de la vida y guíame en Tu camino.

Amén.

CUESTIONARIO — CAPÍTULO 16

1. ¿Qué enseña la Biblia acerca de la eternidad?
2. ¿Qué es el cielo según las Escrituras?
3. ¿Qué es el infierno y para quién fue preparado?
4. ¿Cómo puede una persona asegurar su destino eterno?

EJERCICIO DE DISCIPULADO — CAPÍTULO 16

1. Escribe por qué deseas ir al cielo.
2. Reflexiona: ¿has tomado una decisión firme por Cristo?
3. Ora por alguien que aún no conoce a Jesús.
4. Comparte este mensaje con alguien esta semana.

NOTAS PERSONALES Y DESARROLLO DE ASIGNACIONES
Capítulo 16
Notas Personales

Utiliza este espacio para escribir apuntes, ideas, preguntas, revelaciones, versículos, asignaciones o aplicaciones prácticas relacionadas con este capítulo.

"Tu palabra es lámpara a mis pies, y lumbrera a mi camino."
(Salmo 119:105, RVR1960)

Desarrollo de Asignaciones (si aplica)

_____
_____
_____
_____
_____
_____
_____
_____
_____
_____
_____
_____
_____
_____
_____
_____
_____
_____
_____
_____
_____
_____
_____
_____
_____
_____
_____
_____
_____

Fecha: _____
Firma / Iniciales: _____

Equipados para discipular: Guía completa para el crecimiento cristiano

CONCLUSIÓN

UN LLAMADO PASTORAL A UNA VIDA TRANSFORMADA Y ETERNA

Este manual, **Equipados para Discipular: Una Guía Completa para el Crecimiento Cristiano**, fue escrito con un propósito claro: **formar discípulos que conozcan a Cristo, vivan para Cristo y hagan discípulos para Cristo**.

El cristianismo auténtico no es simplemente una experiencia inicial, sino un **caminar de transformación durante toda la vida**, guiado por la Palabra de Dios y capacitado por el Espíritu Santo.

UN CAMINO DE CRECIMIENTO ESPIRITUAL

A través de este manual hemos aprendido que:
- Fuimos creados con un propósito eterno
- La salvación es por gracia mediante Jesucristo
- El bautismo es un acto de obediencia
- La Biblia es nuestra guía infalible
- La Iglesia es una familia espiritual
- La autoridad y el servicio forman la humildad
- La oración, la adoración y la alabanza nos conectan con Dios
- La mayordomía honra a Dios
- El Espíritu produce fruto y dones
- El evangelismo comparte esperanza
- La eternidad exige una decisión

Cristo es el centro de todas las cosas.

UN LLAMADO A LA DECISIÓN

«He aquí, yo estoy a la puerta y llamo...» *(Apocalipsis 3:20, RVR1960)*

Si aún no has rendido tu vida a Jesucristo, **hoy es el día.**

UN LLAMADO A LA CONSAGRACIÓN

Los creyentes son llamados a:

- Crecer más profundamente en Dios
- Vivir vidas santas y obedientes
- Servir con fidelidad
- Desarrollar un carácter semejante al de Cristo
- Edificar la Iglesia

UN LLAMADO A DISCIPULAR A OTROS

«Por tanto, id, y haced discípulos a todas las naciones...» *(Mateo 28:19, RVR1960)*

Este manual está ahora en tus manos para que **enseñes, discipules y edifiques a otros.**

ORACIÓN FINAL

Señor Dios, gracias por Tu Palabra que transforma vidas. Recibo Tu llamado a vivir y servir con fidelidad. Usa mi vida para edificar Tu Iglesia y proclamar Tu Evangelio al mundo. En el nombre de Jesús. Amén.

DESPEDIDA PASTORAL

«Jehová te bendiga, y te guarde; Jehová haga resplandecer su rostro sobre ti, y tenga de ti misericordia; Jehová alce sobre ti su rostro, y ponga en ti paz.» *(Números 6:24–26, RVR1960)*

A Dios sea toda la gloria.

DISCIPULANDO A TRAVÉS DE LAS GENERACIONES

El discipulado nunca fue concebido para ser una experiencia aislada o temporal. Desde el principio, el diseño de Dios ha sido que la fe sea transmitida **intencionalmente, fielmente y de manera constante** de una generación a la siguiente. Las Escrituras presentan el discipulado no solo como un llamado personal, sino como una **responsabilidad generacional** confiada a las familias y al pueblo de Dios.

Moisés instruyó a Israel: **«Y estas palabras que yo te mando hoy, estarán sobre tu corazón; y las repetirás a tus hijos, y hablarás de ellas estando en tu casa, y andando por el camino, y al acostarte, y cuando te levantes.»** *(Deuteronomio 6:6–7, RVR1960)*

Este mandato revela que el discipulado está llamado a ser **vivido, hablado, modelado y reforzado** dentro de los ritmos de la vida diaria. La fe no solo se enseña: se **transmite** a través de la relación, la repetición y el ejemplo.

Jesús reafirmó esta visión generacional cuando recibió a los niños y declaró que de los tales es el Reino de Dios (Mateo 19:14). El llamado a hacer discípulos, por lo tanto, incluye la responsabilidad de **nutrir la fe desde temprano**, de manera intencional y bíblica, mientras se continúa profundizando esa fe en **cada etapa de la vida**.

UNA FE — MUCHAS ETAPAS

El discipulado de adultos establece un fundamento crítico. Forma convicciones, moldea el carácter y establece disciplinas espirituales necesarias para una vida cristiana fiel. Sin embargo, el discipulado alcanza su expresión más plena cuando aquellos que están siendo formados en Cristo se convierten también en **guías intencionales para otros**, especialmente para niños, jóvenes y adultos jóvenes que están aprendiendo a comprender a Dios, Su Palabra y Sus caminos.

Por esta razón, el discipulado debe ser **personal y generacional**. Una iglesia saludable no discipula creyentes solo para hoy, sino que **prepara discípulos para el mañana**, invirtiendo en cada edad con sabiduría, paciencia e intencionalidad.

La serie **Equipados para Discipular** fue desarrollada para apoyar esta visión bíblica, proporcionando un **camino unificado de discipulado, centrado en las Escrituras**, desde la primera infancia hasta la adultez. Aunque cada recurso está escrito con lenguaje, actividades y profundidad apropiados para cada edad, todos están fundamentados en las **mismas convicciones teológicas y principios de discipulado**.

Esta continuidad permite que:

- Las familias crezcan juntas en la fe
- Las iglesias discipulen de manera consistente a través de todas las edades
- Las escuelas cristianas enseñen dentro de un marco bíblico compartido
- Los creyentes maduren sin fragmentación ni confusión

La fe se fortalece cuando la verdad es **reforzada —no reemplazada—** con el paso del tiempo.

EL ROL SAGRADO DE LOS ADULTOS

Padres, tutores, maestros, pastores y líderes de la iglesia desempeñan un **rol sagrado** en la formación espiritual de la próxima generación. El hogar y la iglesia continúan siendo los entornos primarios donde la fe se modela, la Escritura se enseña, la oración se practica y la obediencia se aprende.

Los niños y jóvenes crecen más firmes en la fe cuando los adultos que los rodean **también están creciendo**. El discipulado florece cuando es compartido, modelado y vivido **a través de las generaciones**.

NOTA PARA REFLEXIÓN

Discipulado que Permanece

El discipulado no termina con los adultos, ni comienza únicamente con ellos. Florece cuando la fe es enseñada fielmente en **cada etapa de la vida**. El discipulado bíblico nos llama no solo a seguir a Cristo nosotros mismos, sino a **asegurar que aquellos confiados a nuestro cuidado estén equipados para seguirle también**.

CONTINUANDO EL CAMINO DEL DISCIPULADO

Así como este libro equipa a los adultos para seguir a Jesús fielmente y discipular a otros, también apunta **hacia adelante y hacia afuera**, al llamado mayor de formar discípulos a través de las generaciones. La serie **Equipados para Discipular** existe para apoyar ese llamado, ofreciendo un **marco coherente de discipulado** para infantes, niños, jóvenes, adultos jóvenes y adultos.

Estos recursos no están diseñados para reemplazar el liderazgo parental, pastoral o educativo, sino para **fortalecerlo y respaldarlo**, proporcionando herramientas prácticas que ayuden a guiar a creyentes de todas las edades hacia una comprensión creciente de la Palabra de Dios, una vida de oración vibrante y un compromiso de por vida de seguir a Cristo.

Mientras continúas tu propio camino de discipulado, considera en oración cómo Dios puede estar llamándote a **invertir intencionalmente en otros**, especialmente en la próxima generación. Cuando el discipulado se abraza como un llamado compartido y generacional, la Iglesia es fortalecida, las familias son unidas y la fe es transmitida con claridad y poder **para la gloria de Dios y el avance de Su Reino.**

DISCIPULANDO A TRAVÉS DE LAS GENERACIONES

«Y estas palabras que yo te mando hoy... las repetirás a tus hijos.» — Deuteronomio 6:6–7 (RVR1960)

La fe que se vive, se transmite; la fe que se descuida, se pierde.

GLOSARIO TEOLÓGICO

Equipados para Discipular

Adoración: Respuesta sincera del creyente que honra y exalta a Dios por quien Él es. Es un estilo de vida vivido en obediencia, amor y reverencia.

Alabanza: Expresión gozosa y pública de gratitud a Dios por Sus obras, Su fidelidad y Su poder manifestado.

Arrepentimiento: Cambio sincero de mente y de dirección que conduce a la persona a apartarse del pecado y volverse a Dios.

Autoridad espiritual: Responsabilidad delegada por Dios a los líderes espirituales para guiar, cuidar y edificar a la Iglesia conforme a las Escrituras.

Bautismo: Acto público mediante el cual un creyente declara su fe en Jesucristo, simbolizando la muerte al pecado y la nueva vida en Cristo.

Biblia: La Palabra inspirada de Dios y la autoridad suprema para la fe y la conducta cristiana.

Cielo: La morada eterna preparada por Dios para quienes creen en Jesucristo, caracterizada por Su presencia, paz y gozo eterno.

Conversión: Acto espiritual mediante el cual una persona responde al llamado de Dios, acepta a Cristo y comienza una nueva vida en Él.

Discipulado: Proceso continuo de enseñanza, mentoría y formación espiritual para crecer a la imagen de Cristo.

Dones espirituales: Habilidades sobrenaturales dadas por el Espíritu Santo para edificar a la Iglesia y servir a otros.

Equipados para discipular: Guía completa para el crecimiento cristiano

Espíritu Santo: La tercera persona de la Trinidad, que mora en los creyentes, guía, consuela, transforma y capacita la vida cristiana.

Evangelio: Las buenas nuevas de salvación por medio de Jesucristo: Su muerte, resurrección y el perdón de los pecados.

Evangelismo: El acto de compartir el Evangelio con amor, verdad y compasión para que otros conozcan a Cristo.

Fe: Confianza total en Dios y en Su Palabra que resulta en obediencia y dependencia de Él.

Fruto del Espíritu: La manifestación del carácter de Cristo en el creyente, producida por la obra del Espíritu Santo.

Gracia: El favor inmerecido de Dios por medio del cual recibimos salvación, perdón y vida eterna.

Iglesia: El cuerpo espiritual compuesto por todos los creyentes en Cristo; una comunidad de fe donde el discipulado se vive y se practica.

Infierno: Lugar de separación eterna de Dios para quienes rechazan la salvación ofrecida en Cristo.

Justificación: Acto por el cual Dios declara justo al pecador que cree en Jesucristo.

Mayordomía cristiana: La responsabilidad de administrar fielmente los recursos, dones y oportunidades confiados por Dios.

Oración: Comunicación viva y constante entre el creyente y Dios, que incluye adoración, petición, confesión y acción de gracias.

Salvación: Don de la gracia de Dios, recibido por la fe en Jesucristo, que libra a la humanidad del pecado y de la condenación eterna.

Santificación: Proceso continuo mediante el cual el creyente es transformado para vivir una vida que agrada a Dios.

Siervo: Creyente que vive para servir a Dios y a los demás con humildad y amor, siguiendo el ejemplo de Cristo.

Trinidad: Doctrina bíblica que afirma que Dios es uno en esencia y tres en personas: Padre, Hijo y Espíritu Santo.

Vida eterna: Vida que comienza en la conversión y continúa para siempre en la presencia de Dios.

Voluntad de Dios: El propósito perfecto y amoroso de Dios para la vida de cada creyente.

BIBLIOGRAFÍA

La siguiente bibliografía ha sido seleccionada con el propósito de:
- Sustentar bíblica y teológicamente el contenido de este manual
- Servir como recurso de estudio para pastores, líderes, maestros y estudiantes
- Facilitar la formación integral de discípulos en todas las etapas de la vida cristiana

La **Santa Biblia** es y será siempre la **autoridad suprema** en materia de fe y práctica cristiana. Las demás fuentes se presentan como apoyo pastoral, histórico y formativo.

FUENTE PRINCIPAL

Santa Biblia.
Reina-Valera 1960.
Sociedades Bíblicas Unidas.

TEOLOGÍA Y DOCTRINA CRISTIANA

Berkhof, Louis.
Teología Sistemática.
Grand Rapids, MI: Libros Desafío, 1994.
Grudem, Wayne.

Teología Sistemática: Una Introducción a la Doctrina Bíblica.
Miami, FL: Vida, 2007.
Erickson, Millard J.

Teología Cristiana.
Grand Rapids, MI: Libros Desafío, 2008.
Strong, Augustus H.

Teología Sistemática.
Terrassa, España: CLIE, 2004.

DISCIPULADO Y FORMACIÓN CRISTIANA

Coleman, Robert E.
El Plan Maestro de Evangelismo.
Grand Rapids, MI: Revell / Vida, 2006.
Hull, Bill.

Jesús, el Discipulador.
Grand Rapids, MI: Baker Books, 2007.
Bonhoeffer, Dietrich.

El Costo del Discipulado.
Salamanca, España: Sígueme, 2009.
Ogden, Greg.

Discipulado Transformador.
Grand Rapids, MI: Zondervan, 2010.

VIDA ESPIRITUAL Y DISCIPLINAS CRISTIANAS

Foster, Richard J.
Celebración de la Disciplina.
Nueva York: HarperCollins, 1998.

Tozer, A. W.
El Conocimiento del Dios Santo.
Camp Hill, PA: Whitaker House, 2009.

Bounds, E. M.
El Poder de la Oración.
Grand Rapids, MI: Editorial Vida, 2005.

IGLESIA, LIDERAZGO Y MINISTERIO

Stott, John.
La Cruz de Cristo.
Barcelona: Andamio, 2007.

Sanders, J. Oswald.
Liderazgo Espiritual.
Chicago: Moody Publishers, 2007.

MacArthur, John.
La Iglesia Según Dios.
Nashville, TN: Thomas Nelson, 2011.

EVANGELISMO Y MISIÓN

Green, Michael.
Evangelismo en la Iglesia Primitiva.
Grand Rapids, MI: Libros Desafío, 2004.

Packer, J. I.
Evangelismo y la Soberanía de Dios.
Barcelona: Andamio, 2006.

ESPÍRITU SANTO Y VIDA CRISTIANA

Fee, Gordon D.
La Presencia del Espíritu en el Pueblo de Dios.
Peabody, MA: Hendrickson Publishers, 1994.

Horton, Stanley M.
¿Qué Dice la Biblia Acerca del Espíritu Santo?
Springfield, MO: Gospel Publishing House, 1992.

CONSEJERÍA PASTORAL Y FORMACIÓN DEL CARÁCTER

Adams, Jay E.
Manual del Consejero Cristiano.
Grand Rapids, MI: Zondervan, 2008.

Collins, Gary R
Consejería Cristiana.
Miami, FL: Unilit, 2009.

EDUCACIÓN CRISTIANA Y DISCIPULADO GENERACIONAL

Tripp, Paul David.
Pastoreando el Corazón de tu Hijo.
Greensboro, NC: Editorial Bautista Independiente, 2011.

Deuteronomio 6:4–9; Salmo 78:1–7; Mateo 28:19–20 (RVR1960)

NOTA EDITORIAL FINAL

Esta bibliografía ha sido seleccionada cuidadosamente para fortalecer la enseñanza bíblica, apoyar la formación de discípulos y promover una fe sólida, madura y fiel a las Escrituras. Todas las fuentes aquí citadas están subordinadas a la autoridad suprema de la Palabra de Dios.

CERTIFICADO DE FINALIZACIÓN DEL DISCIPULADO

Nota:

Utilice su dispositivo móvil para escanear este QR, el cual lo redirigirá al documento modelo para la impresión del certificado de finalización del discipulado.